LA BANQUIÈRE DE L'ESPOIR

MARIA NOWAK

La Banquière de l'espoir

Celle qui prête aux exclus

Albin Michel

Collection « Passionnelles »
dirigée par Claire Gallois

Les femmes à qui la collection « Passionnelles » donne la parole disent toute la vérité sur la passion qui a changé leur vie, quel qu'en soit le prix à payer. Elles racontent chacune l'aventure unique qu'elles ont menée pour conquérir l'estime de soi. Pour elles, la passion est un combat qui vous arrache aux servitudes. Elles se battent pour réveiller en elles-mêmes et chez les autres la mémoire du bonheur.

C. G.

22, rue Huyghens, 75014 Paris

ISBN 2-226-06920-8

LE SERMENT

La maison flambe. La nuit s'embrase. Le ciel est rouge de feu. Les grenades ouvrent dans le toit des brèches d'où fusent des gerbes d'étincelles. L'incendie illumine les arbres tendant au ciel leurs branches dénudées.

Je suis un arbre glacé, un arbre couvert de neige. Je ne peux pas bouger, je ne peux pas crier. Je voudrais m'échapper dans la colonne de fumée qui monte vers le ciel, mais je suis enracinée au sol. Fascinée par les flammes. Terrifiée par les rafales de mitraillette.

Le bleu de la nuit vire au gris. Le gris s'éclaire de rose. Les coups de feu se taisent. Ceux de la maison, d'abord, puis ceux de la cour. On n'entend plus que les ordres rauques des Allemands. Ils poussent ou traînent dehors les vivants et les morts. La neige se met à tomber en flocons épais. Elle calme les flammes, les réduit au silence.

Un grand tapis blanc recouvre la cour. Il est brodé de rouge. Les taches s'étendent doucement... Leurs bords serpentent et s'affaissent, la lumière joue avec les cristaux de neige et fait ressortir l'opacité du sang.

Je m'accroche à ces taches. De toutes mes forces j'essaie de me river à leur dessin, de ne voir que lui seul. Pour échapper au chaos. Ne pas me laisser anéantir.

Quatre morts sont couchés sur le dos. Ils ont été alignés sur un rang, comme des soldats. Ma mère, mon frère Antoine et Yann sont à plat ventre, bras tendus. De temps en temps, ils reçoivent un coup de pied dans le visage ou dans les côtes. Leurs corps se tordent de douleur sous la neige qui les éclabousse. Un cri leur échappe, aussitôt étouffé par le tapis moelleux.

Yann est blessé. La neige autour de lui fond en flaque rouge. Il gémit, veut ramener les bras le long du corps, pour contenir sa souffrance. Ce manquement à l'ordre provoque un coup de crosse. Sa tête se dresse dans un dernier geste de révolte. Il sombre dans l'inconscience.

Les prisonniers se raidissent de froid et de peur. Seule cette crispation les distingue des morts. Et leur sang, qui continue de couler...

Le camion militaire arrive. On embarque les vivants. Ma mère disparaît sous la bâche, courbée, vaincue. Traîné par deux hommes, Yann est hissé en dernier. L'officier et les soldats montent à leur tour et le camion disparaît au bout de l'allée. Seuls demeurent sur le champ du massacre les cadavres, la vieille et les enfants gardés par deux sentinelles.

On nous autorise à rentrer dans la maison — ce qu'il en reste. Au cours du combat qui a duré toute la nuit, une aile a été détruite par les grenades. Le toit éventré fume encore. Si l'autre aile demeure intacte dans ses murs, à l'intérieur des pièces les meubles ont été cassés, renversés, la porcelaine brisée, les livres jetés de leurs étagères. Tout a été fouillé et piétiné. Par les fenêtres sans vitres, le vent glacial amène l'odeur de fumée et le crissement régulier des pas.

Dans ce décor de ruines, face à la mort, qui étend son ombre, je suis à la fois anesthésiée et étrangement lucide. Mon esprit continue à tout enregistrer ; mon cœur s'est bloqué. Il ne réagit plus.

Nous sommes trois, mais chacun est désespérément seul.

Ma grand-mère s'est réfugiée à la cuisine. Elle a préparé la pâte, et maintenant elle la découpe, à tâtons, en fines lanières. Elle est aveugle. Ses lèvres récitent la prière des défunts. Ses mains travaillent la farine. Elle garde le silence, tout occupée à survivre.

Mon frère Mathieu rôde d'une pièce à l'autre. Il s'est empressé de retrouver son fusil à fléchettes et, tout content, il le met à l'épaule, comme du temps où nous jouions aux soldats et il sort dans la cour pour se joindre aux sentinelles. Pourquoi ai-je su, ce jour-là, que le temps des jeux était fini, et pas lui ? Il a voulu jouer à la guerre, alors que la guerre, la vraie, était là. Le soldat lui a arraché son fusil et l'a poussé contre le mur, les mains en l'air.

Que Mathieu se fasse ainsi piéger par gloriole, alors que les autres avaient été tués ou faits prisonniers, était plus que je ne pouvais en supporter. J'ai supplié le soldat. Il m'a crié quelques mots en allemand, avec un gros rire de mépris.

Je me suis précipitée devant le tableau du Christ, un tableau qui est dans ma famille depuis deux cents ans. Le Christ est assis, un plant de vigne lui sort du cœur, et orne le tour du cadre. Ma grand-mère disait que cette peinture était miraculeuse. Mes ancêtres, les insurgés de 1830 et de 1863, les combattants de 1914 qui ont recréé la Pologne, ont toujours prié devant elle avant d'aller se battre. En quoi était-elle miraculeuse puisque la plupart d'entre eux se sont fait tuer ? Le seul miracle est sans doute qu'il en restait toujours un pour recommencer.

Cette fois pourtant, je ne pouvais me passer de croire. J'ai dit au Christ : « Si tu fais libérer mon frère, je serai sage et obéissante toute ma vie. Je t'en fais le serment. »

J'ai levé le bras comme les insurgés du siècle dernier sur les images de mon livre d'histoire. Le Christ m'a regardé tristement comme toujours, mais j'ai cru voir dans son regard qu'il était d'accord. Il m'a même semblé y déceler une malice : il savait mieux que moi à quoi je m'engageais.

Je suis passée devant la cuisine. Ma grand-mère continuait à jeter des nouilles dans l'eau bouillante. Dans la cour, le soldat pointait son fusil dans le dos de mon frère qui était très pâle et commençait à comprendre qu'on ne jouait plus.

J'ai pris le canon du fusil, je l'ai relevé vers le ciel en regardant le soldat dans les yeux. Il a été si étonné qu'il nous a laissés partir.

J'ai ramené mon frère à la cuisine. Il tremblait de tout son corps. Moi aussi. Il s'est mis à vomir : il vomissait toujours quand il avait peur. Ma grand-mère s'est occupée de lui. Avec les gargouillis qu'il faisait, et l'odeur du vomi, elle ne pouvait plus tenter d'ignorer la situation.

Ce n'était pas à elle, vieille et aveugle, de s'occuper de lui, marmonnait-elle : je pourrais être moins égoïste et m'intéresser un peu à mon frère, au lieu de me ronger les ongles.

Nous avons mangé les nouilles qui étaient molles et sans goût, mais elles nous ont réchauffé le ventre et donné un semblant d'occupation.

Il ne s'est plus rien produit jusqu'au soir. Les morts sont restés étendus dans la cour. La neige continuait à tomber, elle les recouvrait d'un fin linceul. Ils étaient plus beaux comme cela. Ils ressemblaient aux statues ornant les sarcophages dans la crypte du château royal de Cracovie. On ne voyait plus les taches de sang.

La neige étouffa aussi le feu dans l'autre aile de la maison et nous ne fûmes plus envahis par la fumée. Les pas des sentinelles s'enfonçaient maintenant profondément et sans bruit dans la couche épaisse. Leurs silhouettes sombres passaient et repassaient devant la fenêtre comme dans un théâtre d'ombres chinoises.

Mathieu et moi sommes restés blottis contre la cuisinière, les yeux fixés sur la fenêtre de la cour. Peu à peu, l'image que je voyais est devenue floue... Pour la première fois, j'ai senti la mort monter en moi.

Première partie

UNE ENFANT DANS LA TOURMENTE

Guerre et brouillard

Je raconte ces événements en premier, parce que c'est autour d'eux que s'est tissée ma vie. À partir de ce jour de mars 1943, rien ne devait plus être comme avant. Le monde dans lequel je vivais avait éclaté, me livrant à moi-même.

Jusqu'alors, en dépit de la guerre qui se déchaînait alentour, j'étais protégée par un cocon. Le malheur était extérieur et il ne me toucherait pas. Ma mère croyait que les enfants devaient être tenus à l'écart de la réalité et qu'elle pouvait, en assumant seule les dangers, préserver notre quiétude.

Bien sûr, il y avait les bombardements. On me tirait du lit, on m'emportait à la cave. J'entendais le bruit assourdi d'un orage. Je ne comprenais pas pourquoi on se cachait, mais ce remue-ménage était plutôt excitant. Le seul événement reconnu par les adultes, qui marqua pour moi le début de la guerre, fut ma première communion, que je fis bien avant l'heure. Je n'ai pas saisi sur le moment ce signe annonciateur des épreuves à venir. Comment aurais-je pu deviner ce qui suivrait, puisque les notions de violence et d'insécurité m'étaient étrangères ? Il m'a fallu la lumière des faits, pour peu à peu comprendre sa signification. Je me souviens très précisément du matin où ma mère entra dans la chambre et me réveilla en me passant les doigts dans les cheveux. Elle m'a dit : « Il faut vite te lever ce matin. Mathieu et toi, vous allez faire votre première communion. »

Je m'assis dans mon lit à barreaux. L'étonnement avait chassé en moi toute trace de sommeil. J'avais toujours envié mes cousines plus âgées qui avaient vécu cette cérémonie. On la préparait longtemps à l'avance. On suivait pendant de longues semaines des leçons de catéchisme avant d'avoir droit à la robe blanche, au voile, à la petite couronne de fleurs et au cierge allumé dans la main. Il vous donnait des reflets lumineux dans les yeux et attirait l'attention de tous.

En faisant ma première communion ce matin même, je m'épargnais les séances de catéchisme mais la cérémonie serait irrémédiablement perdue. J'essayai de le faire comprendre à ma mère, mais elle ne m'écoutait pas. Elle sortit de sa poche un pendentif qu'elle mit à mon cou à l'aide d'un lacet. Un petit rectangle de feutre sur lequel était cousue une médaille de la Sainte Vierge. À l'intérieur, se trouvaient une pièce d'or et un papier avec mon nom.

« Tu n'as pas besoin de robe pour recevoir le petit Jésus, ni de catéchisme. Je veux que ton frère et toi fassiez votre première communion, parce que nous allons peut-être partir en Sibérie. Tu dois garder toujours ce médaillon à ton cou. Ceci pour le cas où nous nous perdrions. Bien sûr, on ne peut pas nous séparer, mais si cela devait arriver, tu sauras qui tu es, Dieu t'aidera et la monnaie pourra te servir. Mets ta robe rose, tes chaussettes blanches, ta collerette en dentelle. Tu peux garder les cheveux dans le dos. Tu seras très jolie. »

Une robe longue aurait été ma seule chance d'acquérir, ne fût-ce qu'un moment, une dignité que les grandes personnes me refusaient. Je me sentais triste d'être privée de cérémonie, inquiète aussi à l'idée de me retrouver seule dans la taïga glacée de Sibérie. Je ne voyais pas en quoi la présence du petit Jésus arrangerait les choses si je venais à être séparée de ma mère. Dans le domaine de l'invisible, j'avais déjà mon ange gardien que je trouvais bien encombrant. Lorsque je transgressais les ordres, il me donnait mauvaise conscience mais jamais encore il ne m'avait préservée d'une chute ou d'un coup de pied de Mathieu.

Cette première communion improvisée me déplaisait mais on ne me demandait pas mon avis. Comme le répétait ma gouvernante : « Les enfants et les poissons n'ont pas de voix. » Je n'avais même pas cinq ans. Une moins-querien, disait Mathieu qui en avait un peu plus de six.

Nous ne fûmes pas déportés en Sibérie. Par amitié pour mon père, un employé de mairie enleva notre nom de la liste. L'avertissement que constituait ma première communion s'estompa. La guerre demeura pour moi extérieure aux murs du parc. Notre maison, proche de l'agglomération de Lwow, était une oasis de paix. Blanche, située au sommet d'une colline éclairée par le soleil du matin. Lorsqu'on passait du jardin à la cour, on quittait le royaume de la lumière pour celui de l'ombre. Une ombre fraîche qui adoucissait les couleurs, l'agitation de la vie quotidienne d'une touche de rêve et de mélancolie.

Avant la guerre, la cour nous était interdite. Pour notre gouvernante, les enfants devaient rester au soleil et se tenir à l'écart des événements qui ne les concernaient pas.

On livrait le charbon : c'était salissant. Le chauffeur embrassait la femme de chambre : ce n'était pas un spectacle. Le jardinier se disputait avec la cuisinière : toute violence, même verbale, était proscrite. Des mendiants frappaient pour demander un bol de soupe : il était défendu de parler aux inconnus, nous risquions d'être enlevés par des romanichels, et d'être troublés par la misère.

Toutes les raisons étaient bonnes pour nous soustraire à la vraie vie et nous parquer dans le jardin, au soleil, dans un monde où le mal n'avait pas accès. Mais le désir de connaître, de comprendre, nous inspirait régulièrement de transgresser l'interdit.

Le jardin descendait en terrasses, puis en pente douce vers le vallon. Autour de la maison, les massifs de fleurs étalaient leurs couleurs vives. Les rosiers grimpants ombrageaient des allées romantiques. Les saules pleureurs et les bouleaux apportaient une fragilité. Le décor qu'on plante pour se rassurer.

Au printemps, la maison paraissait émerger, tel le château de la Belle au Bois Dormant, d'un nuage blanc et rose d'arbres fruitiers en fleurs.

Mon coin préféré se trouvait au fond du jardin, recouvert d'un fouillis de végétation où même le jardinier hésitait à s'aventurer. Pour échapper à ma gouvernante, je grimpais en haut du grand noyer ; pour regarder les livres d'images, je me glissais entre deux billons du champ d'asperges dont les tiges frémissantes me recouvraient ; pour jouer aux Indiens avec Mathieu, nous avions une cabine à laquelle on ne pouvait accéder qu'en rampant sous les buissons. Ce jardin secret me donnait un sentiment de sécurité. Avant de me coucher, je le regardais une dernière fois de ma fenêtre : son ombre courbée, au fond du vallon, me touchait comme une caresse.

Lorsque la guerre commença, le jardin se referma plus encore autour de moi. Les domestiques étaient partis. Nous n'avions plus de gouvernante. Les adultes vivaient dans l'attente du drame, trop préoccupés de l'avenir pour s'intéresser à nos jeux.

Avec Mathieu, nous vivions en sauvages dans un monde imaginaire peuplé de héros dont la cause, toujours juste, ne pouvait que triompher. Nous faisions tout ce qui était interdit auparavant : dormir dans la niche du chien, manger des cerises vertes, traverser l'étang en radeau..

De temps à autre, nous apercevions au loin la lueur d'un incendie. Tous les jours, sur la colline opposée, nous entendions des salves de coups de feu. Des silhouettes s'effondraient. En surprenant par bribes les conversations des adultes qui se taisaient à notre approche, j'ai appris que c'était le champ d'exécution. Dans mon esprit, cela ne correspondait à aucune réalité. J'intégrais la mort de ces hommes au décor de notre jeu. Les fusillades n'étaient que des actes d'intimidation de l'ennemi. Grâce à notre courage et à notre sang-froid, nous parviendrions toujours à repousser ses attaques, à préserver notre territoire.

Lorsque les coups de feu cessaient, nous fêtions notre victoire par des offrandes aux esprits qui vivaient dans les arbres. Il fallait soustraire de nos repas ou voler dans la cuisine miel, confitures, sucre. Ceux-ci se faisaient rares et nous étions forcés de les remplacer par des croûtons de pain ou des morceaux de pommes de terre. Les esprits nous manifestaient leur mécontentement en n'y touchant pas et en provoquant de menues catastrophes : chutes ou blessures qui nous troublaient.

Nos passages dans la cour étaient devenus difficiles. Les soldats russes, puis allemands, y venaient parfois et il était interdit de croiser leur chemin. Un jour, mon frère enfreignit la règle. Ils l'embarquèrent en voiture. Je ne crois pas qu'ils aient espéré tirer de lui des renseignements. Mathieu était un beau petit garçon dont les joues rondes et les cheveux blonds avaient attisé en eux la soif d'un moment de paix, d'un semblant d'enfant à soi. Mais tout le monde à la maison eut très peur. Peur qu'il parle de ceux qui se cachaient. Peur que les Allemands ne se servent de lui comme otage, pour faire parler les grands.

À son retour, nous fûmes convoqués tous les deux devant le tribunal des adultes — lui en tant que coupable et moi à titre préventif —, et on nous répéta sur tous les tons, de la supplication à la menace : « Vous ne devez pas parler aux inconnus ; vous ne devez parler à personne. Si vous parlez, vous pouvez provoquer la mort de toute votre famille. »

Ce soir-là, je me sentis écrasée d'une responsabilité dont le sens m'échappait. J'avais perdu pour toujours l'envie de parler à qui que ce soit.

N'allant pas à l'école et ne fréquentant pas de camarades de notre âge, nos seules promenades avaient pour but d'accompagner une grande personne qui avait peur. Je ne comprenais pas cette peur. Elle s'imprégnait dans ma paume par la crispation de la main qui la tenait, chaque fois que nous passions devant un Allemand.

Étranges promenades qui nous menaient avec ma mère devant le grand bâtiment de la prison. Nous nous asseyions sur un banc et ma mère fixait longuement les barreaux des fenêtres. Souvent des larmes coulaient le long de ses joues. Je lui demandais : « Pourquoi tu pleures ? »

Elle ne m'en donnait jamais la raison, esquissant un misérable sourire. Je me sentais coupable de voir que nos rares sorties communes se terminaient toujours par des pleurs.

J'ai su plus tard que son frère était incarcéré dans la cellule des condamnés à mort que l'on fusillait sur la colline, en face de la maison. En donnant tous ses bijoux à un gardien, ma mère a pu obtenir qu'il change de section et soit déporté à Dachau.

Avec ma sœur Joanna et mon frère Antoine, âgés de dix-huit et de seize ans, nous n'allions pas du côté de la prison. Nous traversions la ville, des quartiers que je ne connaissais pas, pour déposer de mystérieux paquets ou porter de non moins mystérieux messages. Ma mère parfois s'élevait contre ces promenades, et le fait surtout que je fusse de la partie. Joanna et Antoine s'ingéniaient à la persuader que ma compagnie ne pouvait que limiter les dangers, sans que cela me trouble, puisque je n'étais au courant de rien. À vrai dire, ces dangers non identifiés me tournaient un peu la tête. Je me voyais pure et invincible. Aussi héroïque que l'une de mes aïeules trois siècles auparavant : par sa détermination et son courage, elle avait empêché les Turcs de prendre possession du château de Trembowla, assiégé depuis des mois.

Au cours de l'une de ces promenades, j'ai rencontré un jour mon père. J'avais pour lui une admiration immense. Il restait rarement à la maison avant la guerre. Si, par extraordinaire, il était là dans la journée, le téléphone se mettait à sonner ou quelqu'un venait le solliciter pour une affaire urgente, entretien dont les enfants étaient exclus. Il n'avait jamais le temps d'écouter nos problèmes en entier, mais il donnait son avis avec tant d'assurance qu'il ne restait plus qu'à rire du tracas que l'on s'était fait.

Dès le début de la guerre, au moment de l'invasion de l'armée Rouge, mon père avait disparu sans qu'aucune explication m'en ait été donnée. Je le croyais embarqué pour un voyage lointain. « Surtout, si quelqu'un t'interroge, tu ne sais rien, ton père n'habite plus avec nous depuis longtemps », m'avait-on recommandé à maintes reprises, et j'avais fini par considérer son absence comme irrémédiable.

Voir mon père dans la rue, à quelques mètres, me coupa le souffle de bonheur. Je fus submergée par une folle envie de sa présence. Qu'il me rassure. Qu'il balaie d'un revers de main cette peur qui rôdait autour de nous. Qu'il me prenne dans ses bras en frottant le bout de mon nez et que j'entende sa plaisanterie rituelle : « Ton nez devient de plus en plus pointu, Marina ! Il faudra que je le rabote ! »

Je voulus courir à lui mais la main de ma sœur me retint... Mon père, qui m'avait aperçue, se détourna et traversa d'un pas vif. Cette fuite, plus encore que le geste de ma sœur, me cloua sur place. Joanna tenta une diversion : « Ce n'est pas Papa ; cet homme lui ressemble mais ce n'est pas lui. Papa ne porte jamais de casquette. »

Elle mentait. Je savais qu'elle mentait, mais je n'en trouvais pas l'explication. Seule la trahison de mon père m'apparut, évidente et irréfutable. Lorsque je le retrouvai, huit ans plus tard, je fus incapable de le reconnaître et de l'admettre en tant que père. Il avait joué un rôle important dans la Résistance. Il avait été traqué par les polices russe et allemande et il se cachait. J'ai su aussi qu'il était parti à Varsovie en traversant à la nage, en plein hiver, la rivière qui séparait les deux zones d'occupation. J'ai rêvé souvent de cette traversée nocturne, d'abord protégée par les roseaux, puis, soudain éclairée par les rayons de lune qui le désignaient au feu des sentinelles. J'étais fière que mon père, un intellectuel, un homme d'esprit et de parole, ait eu le courage physique de plonger dans le fleuve. Mais les explications sont venues trop tard. Elles n'ont pas suffi à effacer le souvenir précis que j'avais gardé de lui, celui du moment où il m'avait reniée.

Mes rapports avec ma mère étaient à la fois plus étroits et plus douloureux. Depuis le début de la guerre, elle était devenue le centre d'un groupe familial mouvant auquel venaient s'adjoindre, pour des périodes plus ou moins longues, les personnages les plus divers. Il y avait ceux qui avaient fui les Russes et ceux qui fuyaient les Allemands. Ni les uns ni les autres ne purent échapper à leur peur. L'armée Rouge puis l'armée nazie les rattrapèrent à Lwow.

Il y avait ceux qui n'avaient pas pu ou pas voulu fuir : comme ces deux jeunes Hollandais surpris par la guerre en Pologne et recueillis par mes parents parce qu'ils ne trouvaient pas de refuge. Il y avait les résistants et les maquisards que j'appris à reconnaître sous le nom générique de « cousins », bien que de toute évidence leur langage ne fût pas le nôtre et que la raideur de ma grand-mère en leur présence indiquât clairement qu'ils ne faisaient pas partie de la famille.

Ma mère régnait sur ce petit monde, qui, par moments, comptait une trentaine de personnes. Elle travaillait comme médecin, s'occupait de l'organisation de la maison, cherchait un ravitaillement de plus en plus difficile, assumait le deuil des morts et l'angoisse des vivants. Levée à l'aube, elle rentrait tard le soir, exténuée, à bout de résistance nerveuse.

Je la voyais à peine et mon obsession consistait à ne pas laisser échapper les brefs moments où je pouvais me serrer contre elle ou grimper sur ses genoux. Elle ne me renvoyait jamais, mais une clameur de protestation s'élevait dans son entourage : « Tu n'as pas honte d'embêter ta mère ? Tu ne vois pas qu'elle est fatiguée ? Tu ne vois pas que les grandes personnes ont des soucis ? Tu ne vois pas que c'est la guerre ? »

Je m'en allais, poings serrés, dents serrées, et j'allais pleurer dans la niche du chien ou sur la branche du grand noyer. Je me sentais doublement coupable : de fatiguer un peu plus ma mère et de haïr ceux qui m'éloignaient d'elle et qui la suçaient comme moi, en essayant de lui prendre, eux aussi, un peu de force, un peu de courage, un peu de sérénité.

Mais je ne pouvais pas me passer d'elle. Sachant qu'elle ne se couchait pas sans nous embrasser et faire un signe de croix au-dessus de nos têtes, je luttais contre le sommeil. Je m'asseyais par terre en claquant des dents, les genoux serrés sous le menton, attendant pendant deux ou trois heures qu'elle rentre, qu'elle dîne, et qu'elle passe dans notre chambre. J'avais fini par attraper un rhume chronique. Ayant découvert mon stratagème, ma grand-mère, ma sœur, mon frère aîné laissaient la porte de ma chambre ouverte et passaient toutes les demi-heures pour me remettre sous les couvertures avec une claque sur les fesses et des paroles qui me déchiraient le cœur : « Tu n'aimes pas ta mère ! Tu fais exprès de te rendre malade, tu fais exprès de lui causer de la peine. Tu voudrais sa mort, tu ne ferais pas mieux. »

Parfois, j'étouffais de rage. Le plus souvent, la peur me nouait la gorge : et si c'était vrai ? Si ma mauvaise conduite allait vraiment provoquer la mort de ma mère ? Si mon ange gardien n'avait pas le temps d'expliquer au Bon Dieu que je l'aimais, que j'avais besoin d'elle ? Lorsque je me réveillais le matin, je l'avais manquée de peu. Du perron, je voyais sa silhouette disparaître au bout de l'allée. Je courais après elle en hurlant son nom, mais elle ne m'entendait pas. Elle marchait vite, tête baissée, perdue dans ses pensées, recroquevillée sur elle-même, dans ce rare moment de solitude. J'arrivais en larmes à l'arrêt du tramway, il partait vers la ville, emportant son visage perdu parmi la foule des passagers.

Ces jours-là, je pratiquais la grève de la faim.

C'était d'autant plus dur que la nourriture se faisait rare. Personne ne s'apercevait de mon geste, hormis Mathieu qui en profitait sans vergogne pour s'approprier le contenu de mon assiette. Le soir, avec un baiser de ma mère, tout rentrait dans l'ordre.

Une fois, ma déchirure devint insupportable : on ne m'avait pas trouvée dans le jardin au moment de son départ et ma mère avait quitté la maison pour trois jours sans me dire au revoir. Elle voulait tenter de retrouver son frère, transféré de la prison de Lwow vers une destination inconnue, mais je ne connaissais pas le but de son voyage. Je n'en ressentis que l'abandon. Je ne mangeai pas pendant trois jours. Au retour de ma mère, je fis une fugue. J'errai en ville jusqu'au soir. La peur me vint alors de dormir seule et sans toit. J'attrapai le dernier tramway. Le contrôleur me demanda mon billet d'un air bourru. Je ne possédais pas un sou pour l'acheter. Je lui dis que j'avais perdu ma mère et que je rentrais à la maison. J'appris ainsi que les adultes se laissent volontiers prendre quand on joue à l'enfant, et ce d'autant mieux que, avec mes six ou sept ans, j'avais la tête de l'emploi. Le contrôleur bougonna que ma mère devait être bien inconsciente de me perdre ainsi, une demi-heure avant le couvre-feu. Au terminus, il me fit quand même un sourire qui me donna le courage de courir jusqu'au portail du jardin.

Je les vis tous de loin, sur le perron, discutant

comme si de rien n'était. À peine rassurée d'avoir retrouvé mon territoire, j'étais de nouveau exclue, abandonnée. Je courus me cacher dans mon refuge préféré en haut du grand noyer. J'entendis qu'on s'agitait, on m'appelait : s'étaient-ils enfin aperçus de mon absence ? Après quelques minutes ma mère apparut sous les arbres ; elle était seule, elle murmurait « ma colombe, ma biche », avec des accents de désespoir qui firent fondre la boule de glace logée dans ma gorge depuis quatre jours. Je me laissai glisser le long du tronc et je me jetai dans ses bras. Nous pleurâmes longtemps, serrées l'une contre l'autre, dans la nuit tombante.

Je n'étais pas la seule à vivre ce sentiment d'abandon. Ma mère accueillait tout le monde à bras ouverts, mais elle était rarement présente et ma grand-mère pratiquait une discrimination certaine entre ceux qui étaient de son monde et ceux qui ne l'étaient pas.

Parmi ces derniers, il y avait Ewa, ma cousine, une orpheline de dix-sept ans.

Comme ma sœur, Ewa avait quitté le lycée et tentait de ramener quelques sous à la maison, par divers moyens, dont le plus régulier consistait à nourrir sur la peau de ses cuisses les poux de l'Institut de recherche sur le typhus. Ce travail d'esclave rapportait un salaire de misère.

De plus, Mathieu et moi, par une effronterie inconsciente, appelions Joanna et Ewa « bêtes à poux ». Ewa, qui était très emportée, se fâchait en nous lançant : « Sales bâtards. »

L'injure avait, pour nous, un sens hermétique, mais elle mettait ma grand-mère en fureur.

Une fois, la discussion s'envenima. Grand-mère dit à Ewa des mots durs : elle n'était, après tout, que la nièce de mon père, lui-même roturier. Comme toujours, ma mère fut portée sur le piédestal du sacrifice et nous tous, Ewa en particulier, traités de poids morts.

Ewa était encore plus seule que moi puisque ses parents étaient morts et je connaissais son attachement à ma mère. Je tentai de lui dire mon regret de l'avoir appelée « bête à poux », mais en vain ; elle m'envoya promener comme je l'aurais fait à sa place.

Quelques jours plus tard, deux hommes se présentèrent. Ewa les attendait à la porte et les introduisit dans la salle de bains. Mathieu et moi suivîmes par curiosité et je les vis avec étonnement commencer à démonter la baignoire. Ils n'allèrent pas jusqu'au bout, car mon frère, qui avait le sens de l'ordre établi, courut prévenir Grand-mère. Elle arriva en toute hâte pour invectiver Ewa et lever sa canne d'aveugle sur les plombiers.

Il y eut un moment de grande confusion. Tout le monde criait, Ewa, Grand-mère et les deux hommes qui avaient acheté la baignoire —

on n'en trouvait nulle part — et ne voulaient pas en être dépossédés. Grand-mère les menaçait des foudres du ciel et de la terre s'ils l'emportaient et Ewa refusait fermement de rendre l'argent versé.

Au dîner Ewa fut accusée, devant tous, de vol et d'outrage à vieille dame. Elle sanglotait : ce n'était pas vrai, son seul but était de ramasser un peu d'argent pour soulager ma mère.

Je lui donnais raison. Ce vol n'était qu'un cri du cœur. Quant à la baignoire, vraiment, nous pouvions nous en passer.

Les plus passionnants parmi nos hôtes étaient les « cousins ». Ils étaient jeunes, beaux, et ils riaient. Je les adorais à cause de ce rire qui dédramatisait l'atmosphère angoissée de la maison. Nous jouions beaucoup avec eux. L'hiver, c'étaient des courses de luge derrière la maison et des batailles de boules de neige — de véritables campagnes organisées, minutieusement mises au point avec des stocks de munitions préparées à l'avance. L'été, c'étaient des poursuites dans les hautes herbes que plus personne ne fauchait, des baignades dans l'étang et la cueillette des cerises ou des abricots. Le rire, avec eux, n'avait pas de fin.

Les « cousins » n'étaient pas toujours les mêmes et je ne me rappelle plus leurs noms, ni leurs visages. Quand je pense à eux aujourd'hui, je vois une lumière, claire, chaude, scintillante de couleur et de vie.

Je me souviens pourtant de Yann, qui était le fiancé de ma sœur et que j'aimais. Il avait des yeux verts et des cheveux roux bouclés comme des ressorts. Je nc comprenais pas pourquoi il s'était fiancé avec ma sœur et pas avec moi. Il aurait pu attendre que je grandisse. Avec moi il riait aux éclats, tandis qu'avec ma sœur, il devenait alangui, romantique. Cette mélancolie ne lui seyait pas. Il était sauvage, impétueux. Il aimait jouer de la guitare, des rythmes ukrainiens, des rythmes cosaques qui vous emportaient dans un tourbillon d'ivresse et de folie, et même des mélodies de Chopin, interdites, que tout le monde écoutait dans un silence de mort...

Un soir, ma sœur ne rentra pas ; je devinai aux reniflements de ma grand-mère qu'elle avait été emmenée par les Allemands. Le visage de Yann s'était figé et ne souriait plus.

J'avais peur, parce que rien n'arrêterait Yann. Il était devenu calme ; ses lèvres étaient serrées, comme les miennes aux moments où le désespoir me poussait à grimper dans le noyer. Je savais, parce que plus que tout autre, il était mon frère, que sa passion et sa rage finiraient par éclater. Ce jour vint. Après l'attaque du train organisée par Yann et ses amis, suivant le même plan que celui utilisé dans nos jeux, les Allemands remontèrent jusqu'à la maison.

La guerre entra dans ma vie sans que j'y sois préparée. En regardant notre maison en flammes, j'ignorais l'attaque du train. Je l'ai apprise beaucoup plus tard. J'ai su aussi qu'emmené en prison, battu et torturé à mort, Yann n'avait pas parlé. Maïs tout cela n'avait plus d'importance. Lorsque je le vis blessé dans la flaque de neige fondue et de sang, j'ai su que ce destin, il l'avait cherché. Il valait mieux pour lui brûler que durer, mourir à vingt ans en défiant la vie que s'enfoncer peu à peu dans la mort lente des jours sans espoir. Et la souffrance de croire à ce qui n'existe pas.

L'emprisonnement de ma sœur, je n'en eus pas conscience au début. La famille bougeait tellement qu'il m'était bien difficile, à moi qui sortais rarement du jardin, d'imaginer ce qui arrivait à ceux qui le quittaient.

Ma sœur avait dix-huit ou dix-neuf ans. J'en avais six ou sept. Elle m'inspirait une admiration remplie d'envie : elle avait des cheveux noirs, courts et bouclés tandis que je traînais avec dégoût deux nattes claires indiquant sans ambiguïté que j'étais une petite fille que personne ne prenait au sérieux.

Joanna avait eu une enfance choyée par ma mère ; elle avait grandi auprès de mon père et elle évoquait des souvenirs fascinants : vacances en Italie, randonnées dans la montagne, soirées de fête avec des amis qui s'étaient illustrés d'une façon ou d'une autre dans l'art, la science ou la politique. Ma sœur jonglait avec ces personnages dont je n'avais gardé aucun souvenir, en prenant soin de les laisser dans l'ombre de mon père, ce qui avait pour effet de le mettre plus encore en valeur. Pourquoi avaient-ils, tous, disparu de notre vie ? À cette question, elle ne répondait pas. J'ai mis très longtemps à l'apprendre. Les événements nous bousculaient trop. Les gens n'étaient que le décor fugace d'une course folle sur un cheval emballé.

Je ne l'ai su vraiment qu'après la guerre, en découvrant au hasard de notre vie errante un visage éteint, une silhouette courbée qui, tout à coup, m'évoquaient des souvenirs d'enfance. C'étaient les rescapés : ceux qui n'avaient pas été fusillés sur les collines en face de notre maison, ceux qui n'avaient pas été déportés en Sibérie ou dans les camps de concentration allemands, ceux qui en étaient revenus. Ils me paraissaient livides et décolorés, le regard absorbé par le passé, incapables de voir le présent, de s'ouvrir sur l'avenir. Ils étaient semblables aux arbres morts touchés par la foudre, à jamais insensibles au rythme des saisons.

J'écoutais les histoires de ma sœur. Au-delà de cette peur qui avait submergé la ville entière et qui cognait constamment aux grilles de notre jardin, il y avait mille échanges possibles...

J'enviais Joanna. Elle sortait de l'enceinte du parc. Elle revenait les pommettes roses, l'œil rayonnant de sérénité — sa cause était juste — et d'excitation — son engagement ne pouvait manquer de triompher.

Son arrestation, j'ai mis longtemps à la comprendre. Joanna, membre de la Résistance, fut prise dans une souricière tendue par la Gestapo dans l'appartement d'un de ses camarades. Torturée et battue, elle ne livra pas les noms des autres membres du réseau, mais pleura pendant des heures. C'était un comportement si étrange — les prisonniers tombaient le plus souvent dans la torpeur ou l'évanouissement — que l'officier de la Gestapo finit par lui demander ce qu'elle avait. Elle eut alors cette parole : « Je pleure parce que j'aime le garçon chez qui vous m'avez trouvée, mais lui ne m'aime pas. »

L'officier a-t-il été touché de cet aveu qui abolissait les règles de la guerre ? A-t-il pensé qu'elle était trop gourde pour savoir quelque chose ? Joanna fut transférée du quartier des condamnés à mort dans une petite prison de province où, à force de soudoyer les gardiens et de supplier qu'on lui rende le linge sale de sa fille, ma mère put découvrir sa trace.

Désormais, chaque mois, j'assistais à la confection d'un colis supplémentaire. Dans un silence de messe, ma mère enveloppait dans du papier brun des trésors mis de côté à grand-peine : lard, sucre, lait concentré. Je regardais ces produits avec tant de respect que je n'en concevais nulle envie. Mon univers culinaire se limitait à la pomme de terre bouillie, agrémentée parfois d'une louche de lait caillé.

Ma mère glissait sous la couenne du lard une mince feuille. Instant solennel d'incertitude et d'espoir : le message arriverait-il ? La communication serait-elle établie ? La réponse arrivait dans le paquet de linge sale, glissée dans un ourlet, souvent illisible. Message dérisoire et laconique : « Tout va bien, je vous embrasse » ; il était lu et relu, jusqu'à ce qu'il tombe en lambeaux. Au cours du mois suivant, il donnait lieu à des interprétations laborieuses qui n'avaient d'autre but que de nous rassurer les uns les autres.

Pendant que ma sœur était en prison, mon grand-père mourut. Il était grand, droit, la tête haute avec des cheveux drus, couleur d'argent, et une épaisse moustache qui retombait sur ses lèvres. Il était le plus intelligent, le plus fort, le plus doux des hommes que je connaissais. Du jour où j'ai su marcher, je l'ai suivi pas à pas. Accroupie sur mes talons, je passais des heures à le regarder greffer des arbres, tailler les rosiers, bricoler de toutes pièces une vraie moto à ma taille, réduire la fracture de la patte cassée d'un oiseau. J'avais à son égard une confiance sans bornes. C'est lui qui m'apprit à lire dans les livres et dans la vie, en discernant, sous l'apparence des choses, leur essence profonde. Il fut le seul à ne pas me forcer à avaler ma bouillie en raclant les restes dégoulinant sur mon menton avec une cuillère. Le seul à me masser le ventre quand j'avais mal pour avoir mangé trop de cerises vertes. Le seul à me tenir la main pour m'endormir, à me bercer sur ses genoux quand j'avais du chagrin en me traitant toujours comme une personne à part entière.

La passion de Grand-père, c'était son sous-marin. Il l'avait installé dans la cave et descendait y travailler tous les jours. Je me calais dans un coin et je regardais. Le sous-marin était presque au point : un long fuseau argenté pouvant charger à son bord deux à quatre personnes. Nous y montions ensemble et faisions semblant de naviguer. Mon grand-père fermait les ouvertures, actionnait les manettes et nous nous enfoncions à mille mètres sous la mer. Nous choisissions des destinations exotiques : la Côte-d'Ivoire où nous attendait le petit singe Piou-Piou dont Grand-père me contait les aventures ; l'Amérique où nous débarquions en généreux pirates, libérateurs des esclaves noirs. Parfois j'étouffais sous la mer et je lui demandais d'émerger. Ou bien l'envie me prenait de m'échapper vers le ciel et, avec l'accord un peu réticent de Grand-père, son sous-marin se transformait en montgolfière.

Le sous-marin était loin d'être un jouet. Mon

grand-père s'apprêtait à faire les premiers essais en eau lorsque la guerre éclata. Par prudence, le sous-marin fut détruit. La moustache de Grand-père retomba plus bas sur ses lèvres serrées. Son regard devint moins bleu, comme voilé de gris. Il faiblit tout au long de l'hiver. Aux premiers jours du printemps, lorsque les fleurs qu'il avait plantées commencèrent à sortir de terre, il s'éteignit. On nous fit venir dans sa chambre pour lui dire adieu. Il était couché, la tête droite, le visage éclairé par un sourire. Seules ses mains étaient différentes. Elles ne s'activaient plus, ne caressaient plus, elles étaient froides. Je ne comprenais pas sa mort, mais elle ne me faisait pas peur. Elle prolongeait naturellement sa vie, sans être la trappe noire dans laquelle tombaient les autres, par violence et par surprise. Même en mourant il ne m'avait pas trahie en m'enlevant espoir et confiance. Toute ma vie, je lui en suis restée reconnaissante.

Beaucoup plus tard, j'ai appris que, ayant perdu toutes ses terres sous le règne de François-Joseph, il avait travaillé comme agronome chez les autres. À trente ans, sa femme s'étant enfuie avec un bel officier, il se tira une balle dans la tête. Il s'en sortit par miracle. Elle revint. Pendant la guerre, enrôlé dans la légion de Pilsudski, il fut encerclé dans une grange par les soldats de l'armée Rouge qui y mirent le feu. Il faillit mourir brûlé vif, mais parvint à s'échapper de justesse.

Le seul homme de paix de mon entourage avait été, lui aussi, agité par la passion, le désespoir et la terreur. Comment avait-il conquis cette paix ? Où voguait-il dans son sous-marin ? Combien de fois fallait-il mourir et renaître dans la souffrance pour gagner une mort paisible ?

Notre éducation, à Mathieu et moi, se fit en dehors des règles. Comme nous habitions en bordure de la ville, ma mère hésitait à nous envoyer à l'école. Au-delà des grilles, il y avait des rafles, des fusillades, des transports publics aléatoires. Mon grand-père m'avait appris à lire et je m'engageai tout entière dans cette nouvelle occupation. Après avoir épuisé les livres d'enfants, je me plongeai dans la bibliothèque de mes parents, avec une prédilection pour la littérature romantique et les livres d'histoire.

Je me passionnai pour les insurrections de 1830 et 1863. En dépit des moqueries de mes frères et des « cousins », je devins amoureuse du prince Joseph Poniatowski, maréchal de Napoléon. Qu'il soit déjà mort me rassurait, je ne risquais plus de le perdre. En m'endormant, je me répétais les paroles qu'il avait criées en se jetant dans les eaux de l'Elster : « Dieu m'a confié l'honneur de la Pologne, je ne le rendrai qu'à Dieu. »

Ce désir d'apprendre poussa ma mère à nous

trouver une gouvernante qui pourrait me guider. Ce fut une femme d'âge indéfinissable qui s'appelait mademoiselle Irène. Elle portait un chignon et des cols ronds amidonnés. Sa bouche était mince et serrée. J'y vis un signe de sécheresse de cœur, jusqu'au jour où, en éternuant, elle fit tomber son dentier sur le livre de grammaire. Dans un silence ébahi, mon frère et moi attendîmes la suite, que les yeux de mademoiselle Irène sortent de leurs orbites, que son cou se dévisse, que ses bras se désarticulent. Il n'en fut rien. Mademoiselle Irène remit son dentier en place, rouge de confusion, et nous fit jurer de nous taire.

Notre nouvelle gouvernante était une femme à principes, et pour cette seule raison je n'ai pu accepter son enseignement. Je ne concevais pas que l'on puisse lire des poésies en découpant les phrases selon leur fonction grammaticale et non pas en suivant les mouvements de l'âme. Ma révolte fut totale le jour où Batsa, le grand chien de berger, mourut. Il était vieux et très seul depuis que les Russes avaient emmené sa compagne Baïka pour la dresser. La pénurie de nourriture réduisait sa pâtée aux épluchures de pommes de terre et il avait toutes les raisons de mourir. Un matin, en apportant la gamelle dans sa niche, je le découvris haletant, la truffe chaude. Il ne répondit pas à mes caresses.

Je courus appeler mes frères et les « cousins ». Ils diagnostiquèrent que Batsa avait dû être empoisonné par les Allemands. Je ne crois pas que cela fût vrai. Les Allemands respectaient les chiens plus que les hommes. Ils étaient venus perquisitionner la maison, mitraillette au poing, Batsa leur avait barré la porte en montrant les dents et ils ne l'avaient pas abattu. Mais sur le moment, je me laissai prendre à cette explication. Je courus chercher du lait comme contrepoison. Batsa le regarda d'un œil plein de convoitise. Il avait dû en faire, des rêves de lait et de viande. Il essaya en vain de lever la tête, nous dit adieu avec un imperceptible mouvement de queue et expira.

Je sanglotai éperdument. C'était mon premier mort à moi. J'avais eu la charge de Batsa et je n'avais pas su le sauver. J'étais couchée sur son ventre, la figure enfouie dans ses longs poils blancs — « Oh, Batsa, pourquoi n'ai-je pas empêché les Russes d'emmener Baïka alors que c'est moi qui avais fait ma première communion pour être préparée à la déportation ? » — lorsque mademoiselle Irène arriva. Elle poussa un cri de dégoût — Batsa n'était pour elle qu'un cadavre de chien —, serra plus encore ses lèvres et me traîna de force dans la maison. Elle ouvrit les cahiers et dit : « Votre mère me donne de l'argent pour vous instruire, pas pour vous regarder faire la folle. »

Le mot « argent », qu'on nous avait toujours interdit de prononcer, gonflait dans sa bouche. Il m'écrasait comme un dieu inconnu mais incontestable. Par la fenêtre, je voyais Antoine et Yann creuser la tombe de Batsa.

La porte était fermée et le rapport des forces était en faveur de mademoiselle Irène... Pis que cela. Je trahissais la promesse faite à Dieu d'être gentille et obéissante, je risquais d'aller en enfer. Mais je serrai les lèvres, comme elle, croisai les bras et ne bougeai plus. Mon silence face à ses leçons dura quatre jours.

Le cinquième jour, elle attendit ma mère pour lui déclarer qu'elle n'était pas en mesure de me faire travailler.

Errance

Le temps coulait, indéfini. La grille du jardin nous protégeait encore de la débâcle, mais la vie se désagrégeait. Mon père parti, ma sœur en prison, mon grand-père et Batsa morts, ma mère trop souvent absente, il ne restait plus dans le cercle magique que ma grand-mère, aveugle, rongée par l'angoisse, les « cousins », Mathieu et moi, dévorés par le rêve.

Il fallait bien que le cercle se brise. Yann et les « cousins » lui donnèrent le coup de grâce en réalisant leur désir de lutte et de revanche. Après l'attaque du train, les Allemands eurent tôt fait de retrouver leur trace et de remonter jusqu'à la maison, qu'ils assiégèrent toute la nuit pour ne la prendre qu'au petit matin après que les grenades jetées sur le toit eurent mis le feu aux combles.

En une nuit, j'étais passée du rêve à la réalité, et elle n'était que violence et mort. Comment vivre dès lors ? Comment faire la part entre la vraie vie et ce qui n'avait été qu'illusions ?

Comment ne pas trahir mes compagnons tués devant moi, dont je me sentais d'autant plus solidaire que les Allemands m'avaient laissée avec eux, plutôt que de m'emmener avec les vivants ?

Alertée par les voisins, Tante Agathe obtint de la Gestapo l'autorisation de venir nous chercher. Elle était replète et invoquait constamment la Sainte Vierge. Elle aurait pu s'en passer. La Sainte Vierge n'était pour rien dans cette histoire et n'avait pas non plus le pouvoir de ressusciter les morts. C'était exaspérant d'entendre ces trémolos dramatiques dans son arrière-gorge et ces invocations désespérées aux puissances célestes.

Nous partîmes pour son petit appartement de veuve au centre de la ville. Je dormis dans un lit étroit aux côtés de ma grand-mère, dont le corps était froid et osseux. Me croyant serrée contre un cadavre, je me réveillai à plusieurs reprises, baignée de sueur froide, mais je ne parvins pas à crier. J'accueillis la lumière du matin avec soulagement.

Mathieu et moi fûmes parqués dans une petite pièce, avec défense d'en sortir. Parfois la porte s'ouvrait et une parente ou amie nous inondait de ses larmes : « Mes pauvres enfants ! Heureusement, vous ne vous rendez pas compte ! »

Notre sort fut discuté hors de notre présence. Nous allions être évacués de Lwow pour éviter toute tentative de chantage et confiés à des parents habitant Cracovie.

Mon convoyeur vint me chercher le lendemain. C'était un grand garçon de vingt-cinq ans et je reconnus immédiatement qu'il était de la race des « cousins ». Officiellement, il dirigeait une école de conduite automobile qui couvrait, en fait, un commando de la Résistance et, à ce titre, il possédait un vieux tacot à gazogène. Je partis avec soulagement. Tout valait mieux que cette prison aux murs ornés d'images saintes, aux sofas égayés de coussins brodés au point de croix. Le ciel y prenait une odeur de soupe au potiron et la Sainte Vierge devenait une confidente familière, au même titre que la voisine de palier.

Au moment des adieux, Tante Agathe faillit m'étouffer en m'enfouissant le visage entre ses deux seins : « Si tu es dans la peine, va voir de ma part la statue de saint Antoine qui se trouve dans la cathédrale de Cracovie ! »

Ma grand-mère me regarda de ses yeux aveugles qui n'étaient que vide et angoisse et Mathieu renifla bruyamment car il devait partir ailleurs et n'appréciait pas de rester seul entre les deux femmes.

Michel tourna la manivelle et le véhicule démarra en toussotant et crachant de la fumée. Comme jadis, dans le sous-marin de Grand-père, je partais vers la grande aventure.

Ce voyage avec Michel fut un intermède de

joie. L'hiver tirait à sa fin. Le soleil faisait fondre la dernière couche de neige et le tacot dérapait sur la route glissante. Nous nous arrêtions souvent pour ajouter du charbon de bois dans le gazogène. Nous traversions des villages aux maisons couvertes de toits de chaume pleurant des gouttelettes de cristal. Les arbres poussaient leurs premiers bourgeons. Les rivières libérées de la glace coulaient avec tant de vigueur qu'elles semblaient emporter tous les miasmes de l'hiver.

Les enfants couraient derrière la voiture et je me rengorgeais d'être l'objet de leur curiosité. Michel chantait. Il avait un grand sourire qui me réchauffait le cœur. Pourtant, son bras droit était à moitié paralysé ; en remontant sa manche, il me montra la trace des balles, que je tâtai avec admiration.

À deux ou trois reprises, nous fûmes arrêtés par les Allemands. Michel parlementait. Je prenais mon air innocent. Ils nous laissaient passer. Michel m'expliqua que le front russe approchait ; l'armée nazie avait d'autres soucis que de contrôler les mouvements de petites filles accompagnées de leurs oncles. Il n'était pas suffisamment sérieux pour faire un oncle, mais je fus flattée qu'il me parlât ouvertement. Je cessais enfin d'être considérée comme une poupée.

Nous nous arrêtâmes chez des paysans. Michel les informa brièvement des raisons de notre périple : il m'emmenait à Cracovie, dans ma famille, mes parents ayant disparu. Le vieux hocha la tête sans poser de questions. Moins on en savait, mieux cela valait. Sa femme sortit deux assiettes et nous servit une soupe aux pommes de terre qui avait un goût de lard fumé. J'étais assise sur le banc à côté de la paysanne. Elle était ronde et dorée comme une miche de pain. J'avais envie de poser ma tête sur ses genoux couverts d'une jupe rugueuse, froncée autour de la taille. La chaleur du grand poêle de faïence m'endormait. Michel discutait avec le paysan des livraisons que celui-ci devait faire aux Allemands. Un Christ tout rose, habillé d'une robe bleu vif, une soucoupe jaune posée sur la tête, souriait dans l'alcôve. Il louchait d'un œil et nous bénissait des deux mains. Cette image de Dieu me paraissait plus authentique que celle du petit salon de ma tante. Elle n'était pas un bibelot mais un repère. La foi sous-tendait la vie de nos hôtes mais ne l'habillait pas. Naturelle comme l'étaient la chaleur du feu, le fumet de la soupe.

Nous dormîmes dans l'étable, dans la paille jusqu'au cou. J'avais enfin quitté mon lit à barreaux, qui devenait un peu court, pour me lancer dans la vraie vie. Les vaches remuaient et ruminaient. Les cochons grognaient. Quoi qu'en disent les paysans, ils avaient pu échapper aux livraisons. Je me serrai contre Michel pour ne pas avoir froid et m'endormis dans l'espérance.

Dès l'aube, nous quittâmes la ferme. La

paysanne nous donna un quart de pain pour la route.

« Que Dieu vous le rende, dit Michel.

— Un passant qui s'arrête, c'est Dieu dans la maison », répondit la femme, et ce proverbe que je n'avais lu que dans les livres me parut soudain vivant.

La camionnette refusa de démarrer. Les enfants du village nous poussèrent avec de grands cris qui réveillèrent le moteur endormi. Nous partîmes le cœur chaud.

Notre véhicule s'arrêtait souvent. Michel jurait. Il descendait, plongeait la tête dans le moteur, rafistolait les fils, tournait avec fougue la manivelle. La camionnette repartait, roulait quelques kilomètres et s'immobilisait à nouveau avec une toux sèche. À la cinquième reprise, il ne put réparer la panne de façon durable. Je dus, donc, m'installer sur un côté du capot, l'autre demeurant ouvert, et maintenir d'une main le boulon récalcitrant. Nous n'allions pas vite, mais avec le vent qui me fouettait le visage, je m'imaginais semblable à la figure de proue d'un bateau qui fend les éléments. Je ne sentais ni le froid ni la neige mouillée qui me pénétraient lentement.

Nous arrivâmes à Cracovie à l'heure du couvre-feu et débarquâmes à l'improviste chez grand-tante Julia, une vieille dame à l'abondante chevelure blanche coiffée en chignon à la mode de 1900. Ses yeux étaient si bleus et si lumineux qu'on s'y perdait de bonheur. Je ne connaissais pas Tante Julia. J'en avais seulement entendu parler par ma grand-mère dont elle était la cousine germaine, mais j'ai su tout de suite que je l'aimais.

Tante Julia nous reçut avec une curiosité bienveillante dont j'appris plus tard qu'elle était sa qualité dominante, et se mit à rire du spectacle que nous lui offrions : le grand gaillard blond et la petite fille de sept ans, maigre comme un rat, se tenant par la main, couverts de cambouis et dégoulinant de neige mouillée.

Michel lui exposa la situation. Elle ne se lamenta pas, n'appela pas le ciel à l'aide mais fit signe à sa vieille gouvernante de m'emmener me laver.

J'étais intimidée. L'appartement était grand et entièrement dédié à l'art. En dehors des peintures, dessins, instruments de musique, on y cherchait en vain un objet utilitaire. La table disparaissait sous les pots de peinture. Les chaises et fauteuils disposés face au chevalet et autour du piano n'étaient là que pour permettre de regarder les tableaux et d'écouter la musique.

Tout paraissait miraculeusement préservé de la guerre. Était-ce l'âge de Tante Julia ou son renom de peintre ? Les Allemands n'avaient touché à rien. Cette sécurité apparente m'inquiétait un peu. Je savais maintenant combien elle était illusoire.

Tante Julia me charmait. Ma grand-mère me

l'avait décrite excentrique, comme tous les artistes. On entendait dans la voix de Grand-mère le regret de ne pas pouvoir reprocher à sa cousine un défaut fondamental. Julia avait été bonne épouse et bonne mère. À la mort de son mari, beaucoup plus âgé qu'elle, elle était jeune, belle, riche de surcroît et aurait pu soit se confiner dans la tristesse, soit refaire sa vie conformément aux usages de son milieu. Elle ne fit ni l'un, ni l'autre, mais se lança avec passion dans la peinture. Tout en préservant son autonomie, elle resta toujours ouverte et disponible à ceux qui n'essayèrent pas de l'en priver.

Une fois par semaine, et en toutes circonstances, Tante Julia organisait chez elle des réunions d'artistes. J'y assistais, cachée derrière une chaise. Les poètes récitaient leurs œuvres, les musiciens jouaient du piano. Mon âme me filait entre les doigts et se balançait au-dessus de moi dans une folle et douce béatitude. La musique du violon me faisait jaillir les larmes des yeux, me promenait sur la mince ligne qui sépare le plaisir de la douleur. L'archet s'immobilisait et je tombais d'épuisement avec les ultimes vibrations de la corde. La vieille gouvernante me ramassait en bougonnant. Entre-temps, mon âme avait réintégré son enveloppe charnelle et j'entendais dans mon demi-sommeil : « Non seulement Madame reçoit des messieurs qui n'ont pas l'air chrétien mais elle laisse cette enfant dans la fumée des cigarettes...

Ce n'est pas une place pour les enfants ici... Avec tout ce qu'ils racontent... Jésus Marie ! Pauvre petite... Enlève tes chaussures... Tu serais mieux avec ta mère qu'avec tous ces zozos ! »

Au bout de quelques semaines — mais peut-être des mois si j'en juge par le sentiment d'amour qui me lia à Tante Julia —, un autre garçon inconnu vint me chercher pour me transporter, dans une charrette à cheval, hors de Cracovie.

Le garçon s'appelait Stanislas, le cheval était lent et poussif, la charrette grinçait et nous avancions au pas vers une destination que j'ignorais.

La route longeait le camp de concentration. Un kilomètre de barbelés surmontés de miradors. Des silhouettes rayées passaient en colonnes derrière les fils de fer. Les prisonniers n'étaient que des ombres. De temps en temps claquaient des ordres ou des injures parfois relayés par un haut-parleur. On voyait des crosses s'abattre en silence sur les têtes ou les épaules, comme absorbées par les victimes dans un monde qui leur appartenait en propre et qui n'était ni celui des bourreaux, ni celui des témoins.

Au bout de la palissade, un corps était suspendu aux barbelés, électrocuté dans son élan de fuite, la tête renversée dans un ultime appel au ciel. Je me figeai comme lui. Le froid me gagnait de l'intérieur. Stanislas me frotta la nuque et cria au cheval d'avancer plus vite. Nous traversâmes une campagne sereine qui nous mena devant une grande maison blanche et basse, semblable à toutes les gentilhommières de Pologne. La maison était aussi pleine que la nôtre l'était jadis, de femmes, d'enfants qui avaient fui leur foyer et de jeunes gens qui, à l'évidence, appartenaient à la grande famille des « cousins ». J'y repris une vie semblable, en apparence, à celle que j'avais vécue dans notre jardin, mais il y manquait la foi ou l'innocence. J'accompagnais Stanislas dans de longues tournées en charrette ; je savais maintenant que, sous les bottes de paille ou de foin, il y avait des armes.

Peu à peu, oubliant Yann, je tombai amoureuse de Stanislas. Il était beau et ténébreux comme un héros doit l'être. Il avait des cheveux blonds retombant en moisson épaisse sur le front. Son visage taillé dans la pierre ne laissait pas passer les émotions. Ses yeux étaient irisés de vert comme le ciel que je contemplais couchée dans le champ d'asperges. Il était grand, ramassé sur lui-même, différent de ces hommes élégants et fluides, épiés d'un coin du salon, qui avaient charmé ma petite enfance.

Stanislas ne s'égarait jamais dans les paroles et ne se laissait pas découvrir par les confidences. Ses gestes étaient simples parce que nécessaires. Je l'admirais parce qu'il ne s'évadait jamais de la réalité, même lorsque celle-ci s'avérait douloureuse et insupportable.

Dans la grande plaine, sur le chemin étroit séparant les champs, j'aimais le voir se profiler, face au soleil couchant, ou surgir au milieu des blés, comme s'il y avait lui aussi, ses racines. J'adorais le voir à cheval, mener les bêtes à l'abreuvoir et je montais, sans selle, sans bride, faisant une confiance absolue à ma monture, parce qu'il était là. Ce coin de terre ne vivait que par sa présence. Comble de bonheur, il portait des bottes comme Grand-père...

Je tenais beaucoup à nos randonnées silencieuses. Stanislas ne me cachait pas plus leur but qu'il ne m'avait caché le camp de concentration. Il tenait les rênes, l'air sombre et abruti. Juchée sur les ballots de paille, je guettais les barrages et les patrouilles allemandes pour le prévenir du danger. Parfois des enfants couraient et tentaient de s'accrocher à la charrette. Je ne les décourageais pas : rien ne pouvait mieux nous couvrir que cette scène de vie joyeuse et paisible du paysan qui rentre des champs.

Il arrivait que les Allemands nous arrêtent. J'étais glacée de peur, mais, pendant que Stanislas montrait les papiers, j'exécutais vaillamment mon numéro ; je souriais, je jetais des brins de paille aux enfants, les invitant à venir jouer avec moi. L'air buté, Stanislas expliquait dix fois qu'il ne comprenait pas l'allemand et qu'il était en règle. Il ne détournait pas la tête lorsqu'un soldat faisait le tour de la charrette pour enfoncer le canon de son fusil dans la paille.

Par chance, j'avais les cheveux blonds, les yeux bleus. J'étais une poupée russe, petite boule de terreur enfermée dans une enveloppe d'insouciance. Et sans doute, dans cette enfant rieuse les soldats voyaient-ils leur propre enfant laissé en Allemagne, le petit aryen pour l'avenir duquel ils se battaient. Ils m'adressaient un signe amical. À quelques centimètres près, on avait évité la mort.

La charrette s'éloignait lentement. Le visage enfoncé dans la paille, je hurlais sans faire de bruit. Stanislas ne tournait la tête que lorsque les Allemands étaient loin. Il m'invitait à descendre de ma montagne de paille et à m'asseoir auprès de lui. Il mettait son bras autour de mes épaules. Dans ces moments de tension, j'oubliais que j'étais amoureuse de lui. « Tu vois, on a de la chance, on passe toujours. C'est bien que tu n'aies pas peur. Il ne faut pas avoir peur quand on n'a pas le choix. »

Je le cognais avec mes deux poings fermés. La guerre était injuste, Dieu était un salaud, ils étaient tous fous d'accepter et de m'imposer une vie qui n'était que blessures et ruines, faux-semblants de dévouement et de sacrifice. J'avais envie de lui raconter la mort de Yann et de ses compagnons. Mais je n'étais pas assez forte pour supporter la douleur du souvenir et la règle du silence faisait maintenant partie de ma nature. Raconter la mort qui m'habitait revenait à me tuer moi-même. Je me contentais de le supplier : « Apprends-moi à tirer ! »

La réponse était déjà dans son sourire. « Tu ferais mieux de tirer à l'arc, petite squaw. Je vais t'en fabriquer un. »

Il était comme les autres. Il me traitait en enfant. Il se moquait de moi. Chacun avait sa défense et cherchait sa voie dans le chaos mortel de la vie. Tout était solitude et silence, angoisse verticale qui plongeait ses racines au fond de l'âme, là où se tapit la mort pour tenter de se projeter vers un ciel d'espoir dont les contours demeuraient insaisissables.

Cette angoisse taraudait le cœur, grimpait à la gorge. Elle vous réveillait au petit matin, la bouche sèche, les mains froides, jusqu'au moment où la mort, remontant doucement comme la marée, vous inondait d'indifférence.

La souffrance des autres était incommunicable. On la gommait avec un petit sentiment de peine. On se sentait alors dévoué, généreux, mais on savait bien que c'était inutile. Pourquoi, alors, avait-on des droits sur les autres ?

L'histoire d'Abraham, et de son fils Isaac, apprise au catéchisme, m'horrifiait. Le curé s'extasiait en chaire sur le sacrifice du père. Seule comptait pour lui l'obéissance à Dieu, mais c'était le fils qui avait dû en payer le prix. Je me sentais très liée à Isaac. Je me considérais, comme lui, la victime passive d'une tragédie qui se jouait en dehors de moi. Mais je devinais que, au-delà de cette interrogation angoissée sur mon propre destin, il y avait dans la vie une solidarité avec les autres qui, au dernier moment, maintenait la tête hors de l'eau.

Mes relations avec Dieu étaient douloureuses, comme avec tous ceux que j'aimais. Je ne le jugeais pas à la hauteur de sa réputation de Tout-Puissant. Le catéchisme était le seul enseignement que je recevais à cette époque et je n'y comprenais rien. Je tentais de poser les questions les plus simples :

« Pourquoi Dieu ne nous accorde-t-il pas notre pain quotidien, mais une soupe de plus en plus claire ? »

« Fallait-il pardonner les offenses, y compris celles des Allemands ? » Apparemment non puisque nous nous battions contre eux et que Dieu était de notre côté. Mais alors, pourquoi ne gagnions-nous pas ?

Les grandes personnes souriaient, haussaient les épaules ou faisaient mine de ne pas entendre. L'incohérence de leur foi face à la réalité de tous les jours ne semblait pas les toucher. Et leurs certitudes pesaient sur moi lourdement.

Le pire, c'était cette promesse d'être sage qui me mettait à leur merci. Je me sentais constamment coupable de la trahir. Pour avoir porté un mégot de cigarette à mes lèvres. Pour avoir regardé avec envie la robe d'une camarade ou m'être gratté les jambes pendant la messe. En désespoir de cause, je décidai d'abandonner le rêve de la petite fille modèle que je ne parvenais pas à réaliser pour devenir une sainte. Je pensai d'abord imiter la Sainte Vierge, mais, lorsque je demandai comment devenir vierge, tout le monde se mit à rire. Déçue une fois encore, je voulus devenir martyre, ce qui me paraissait encore plus glorieux. Je commençai par mettre des cailloux dans mes chaussures et des épines dans mon lit. J'encourageais Mathieu, qui, entre-temps, m'avait rejointe, à prendre ma part, à table. Je récitais ma prière matin et soir jusqu'à dix fois de suite pour que l'intensité de mon effort la porte jusqu'au ciel.

La nuit, je me nouais les chevilles pour ne pas pouvoir courir et déambulais dans le parc, morte de peur devant les ombres qui oscillaient dans le vent, terrorisée par les cris de chouette et les craquements de branches mortes sous mes pieds.

J'attendais un signe du ciel indiquant l'accomplissement de mon martyre. Je me voyais dévorée par les bêtes sauvages — je n'osais espérer un lion — comme les premiers chrétiens, ou criblée de flèches comme saint Sébastien... J'imaginais la stupeur de la famille qui m'avait méconnue. Je savourais la tristesse de ma mère, preuve toujours passionnément attendue de son amour, tout comme la jalousie de Mathieu et l'admiration respectueuse des amis.

La vertu, comme la sainteté, avait besoin de reconnaissance pour exister. La souffrance silencieuse et solitaire ne comptait ni pour les hommes, ni pour Dieu. Celle des enfants n'était même pas perçue. J'espérai pendant des nuits et des nuits, mais rien ne vint. Je demandai à Stanislas s'il croyait aux miracles et s'il aimait les saints. Il eut un demi-sourire ironique et désabusé : « Le seul miracle, c'est que nous soyons encore vivants. Quant aux saints... Franchement non, dit-il. J'aime mieux les hommes comme ils sont, et même les petites filles comme toi pourvu qu'elles gardent bien leurs pieds sur terre. »

Le jugement de Stanislas, appuyant le silence du ciel me détourna de la voie de sainteté. Je n'en demeurai pas moins inquiète et désemparée quant au chemin à suivre.

Depuis que j'avais quitté la maison, je cherchais désespérément la vie et elle m'échappait sans cesse. J'étais une graine soufflée par le vent, poussée à prendre racine dès qu'elle se pose sur un recoin de terre et aussitôt arrachée par la tempête.

En deux ans, je changeai quinze fois de maison. Je ne me souviens d'aucun objet, à l'exception d'un rouleau de papier collant de couleur brune trouvé dans un grenier. Ce rouleau abandonné me parut incarner tous les espoirs. Je le gardai quelques jours sous un coin de matelas. Il me semblait d'une valeur inestimable. Un matin, enfin, je le cachai sous mon manteau et le portai à la boutique du village. Je voulais le vendre. Le boutiquier me regarda d'un œil soupçonneux. Il tournait le rouleau dans ses mains et je voyais bien ce qu'il pensait : « Voilà du bon papier pour coller les paquets, mais cela fait belle lurette qu'il n'y a plus de papier d'emballage. »

Il finit par me demander combien de rouleaux je pouvais lui apporter. Je murmurai que j'en avais un seul. L'homme rit, soulagé de n'avoir pas de décision à prendre, et me rendit le rouleau en disant : « Va donc jouer avec. »

Je jetai le rouleau dans les buissons. Il avait perdu sa valeur magique qui était le prix de ma liberté. Je ne voulais rien posséder en dehors de celle-ci.

À ce moment-là, pour des raisons qui tenaient à ma santé et à la faim chronique dont nous souffrions, on m'envoya passer deux mois à la montagne. Je soupçonne madame Rosa de m'avoir prise chez elle dans l'unique but de se donner bonne conscience. Son mari était un chirurgien de talent qui passait à travers la guerre sans avoir à choisir son camp. On ne le voyait jamais, il travaillait à Cracovie, mais il payait généreusement le prix de sa liberté car l'univers de madame Rosa ruisselait d'argent. Moi qui avais perdu jusqu'au souvenir d'une maison où toutes les pièces étaient chauffées, où l'on dormait dans un vrai lit et non pas sur un coin de matelas posé à même le sol, je fus parachutée dans cette oasis de luxe.

Au petit déjeuner, nous mangions des brioches avec du beurre — pas de la margarine ou du saindoux : du beurre. Le festin se poursuivait à midi : chaque jour, la cuisinière mijotait un plat différent avec viande, œufs, sauces dont le fumet vous chavirait les narines. Et de vrais desserts d'avant-guerre : charlottes aux pommes, gâteaux au chocolat ou au pavot, crêpes au fromage blanc et au sucre — un sucre qui crissait sous les dents au lieu de se diluer avec fadeur comme la saccharine. Comment madame Rosa pouvait-elle se gaver de ces bonnes choses alors que, depuis des années, tout le monde mangeait des pommes de terre agrémentées, au mieux, d'un peu d'orge ou de chou ?

Mais, la faim du ventre apaisée, ne demeurait que le poison du mensonge fait à soi-même, la fragilité d'un monde purement matériel, donc destructible, la dérision de l'artifice.

La maison de madame Rosa n'avait pas d'âme. Nous vivions prisonniers des objets. Madame Rosa avait racheté dans la débâcle des meubles anciens. Ils étaient en marqueterie. Il ne fallait rien poser dessus... Le canapé et les fauteuils étaient recouverts d'un velours vieux rose. Il était interdit de s'y asseoir...

Les bibelots s'entassaient sur les guéridons et les consoles. Vestale d'un temple sans dieu, madame Rosa les époussetait en personne. Elle prenait plaisir à en souligner pour ses invités le prix d'achat, particulièrement avantageux au regard de la valeur réelle.

Un jour, une amie de madame Rosa renversa un masque grec qui se cassa en quatre morceaux. Madame Rosa devint pâle, puis rouge, à force d'avaler sa colère. Elle prétendit d'une voix difficilement maintenue dans la sphère des grands sentiments que cet accident n'avait aucune importance — les choses de ce monde ne comptaient pas pour elle.

L'invitée partie, les reproches de madame Rosa se déversèrent sur moi comme si j'étais la coupable.

Il était inadmissible que les enfants ne respectent pas les objets. Ils courent partout, ils salissent tout. Il n'est pas étonnant que les objets de valeur se cassent. Le masque grec était d'une valeur inestimable. Les enfants ne savent pas reconnaître ce qui est beau. Madame Rosa ne pouvait plus accepter de prendre des risques. L'accès du salon me serait interdit. Madame Rosa regrettait d'avoir rendu service à ma famille en me prenant en charge. Sa générosité n'était payée que d'ingratitude puisque le masque grec était maintenant cassé. Je ne pouvais rien lui répondre. Son langage m'était étranger. Mon silence confirma madame Rosa dans le sentiment de son bon droit et de ma culpabilité. Elle me congédia d'un geste fatigué et condescendant.

En dehors de ses meubles, madame Rosa ne possédait que des principes.

Le premier était la défense constante de la propreté du corps et de la pureté de l'âme : Défendu de marcher dans la boue, de grimper aux arbres, de dire des gros mots, d'entrer dans les toilettes si quelqu'un se trouvait à proximité, d'oublier sa prière, d'avoir de mauvaises pensées et de ne pas vénérer le courage de la Pologne éternelle dont madame Rosa prétendait être l'incarnation la plus pure.

Cela me troublait beaucoup. Les hommes de la Résistance au milieu desquels j'avais vécu jusqu'alors ne parlaient pas : ils vivaient. Le drame, pour eux, était quotidien et naturel. Il n'était pas le riche ornement dont on se pare pour en imposer aux autres.

Chez madame Rosa ce n'était plus la torture ou la violence qui posaient un problème, mais la façon dont elle les percevait. Le vrai crime était de lui infliger leur existence. Dans la vision que madame Rosa avait de la guerre, il n'y avait que deux acteurs : Hitler, le bourreau, et madame Rosa, la victime.

Je passai deux mois chez madame Rosa et, pendant ce temps, la mort progressa en moi de façon considérable. Je ne parlais plus, je ne réagissais plus. Marta, la petite fille de la maison, se moquait de moi. Depuis le début de la guerre, je portais les mêmes robes. Comme je ne poussais qu'en hauteur, on ajoutait chaque année une bande à l'ourlet pour couvrir mes maigres genoux. Il suffisait, pour connaître mon âge, de les compter, comme les cercles sur la coupe d'un arbre. Pour ma part, je n'y prêtais plus guère attention, mais Marta s'acharna sur mes bandes. La couturière de Cracovie lui confectionnait des robes sur mesure. Qu'on rallongeât mes jupes avec des moyens de fortune traduisait pour elle un manque d'intérêt ou d'affection de la part de ma mère et elle n'hésitait pas à me le faire remarquer. J'avais beau savoir que c'était faux, je n'étais pas capable de répondre. Je ne comprenais pas pourquoi les riches, qui attachaient tant de prix à ce que l'argent permettait d'acquérir, saisissaient-ils si mal la difficulté de le gagner ?

Martha s'enhardit. Elle ne passait plus à côté de moi sans me pincer ou sans me faire un croche-pied. Ma seule défense consistait à la dévisager. Je la fixais d'un œil immobile, avec toute l'intensité dont j'étais capable. Elle prenait peur. Elle se sauvait en pleurant et madame Rosa me convoquait pour me faire des remontrances.

Je m'enfonçais dans la culpabilité lorsqu'un matin, en entrant dans la salle de bains, je la vis nue. Son ventre était gonflé, ses seins vides, ses fesses flasques. Pour la première fois, je voyais madame Rosa sans masque. Elle se tourna vers moi avec fureur et dans son regard outragé, plus encore que par la vision de son corps, j'eus la révélation de sa laideur. À partir de cet instant, j'échappai à son influence. Je demeurais absente, par indifférence. Madame Rosa n'avait plus aucune prise sur moi.

À force de vivre retranchée en moi-même, je perdis la notion du temps. Jusqu'au jour où, en me réveillant, je sentis un corps chaud à mes côtés. C'était tellement inattendu que mon cœur se mit à battre très fort sans que j'ose ni bouger ni regarder. Je sentis une odeur légère qui était celle de ma maison — et celle aussi de la tendresse. J'ouvris les yeux. C'était ma mère. Je la secouai de toutes mes forces pour qu'elle se réveille, pour que sa voix garantisse la réalité du moment. Elle sourit, elle me parla. La vie recommençait.

Nous quittâmes madame Rosa le soir même. Ma mère la remercia avec effusion. Ma bienfaitrice prit un air généreux pour dire qu'il n'y avait pas de quoi et rappela une fois de plus qu'il lui était naturel d'aider autrui. Elle me donna un paquet de bonbons pour la route, que Marta me subtilisa aussitôt en me tordant le poignet en guise d'adieu. Cela n'avait plus d'importance. J'étais à nouveau libre.

Nous rentrâmes à Cracovie. Ma mère m'expliqua que devant l'armée Rouge qui s'approchait de Lwow, les Allemands avaient abandonné leurs prisonniers. Mon frère aîné, enfin libéré, avait rejoint le maquis. La lutte ouverte me paraissait infiniment plus noble que la résistance clandestine. La liberté que je venais de retrouver préfigurait celle que nous allions tous reconquérir bientôt.

Ma mère décida de me confier de nouveau à la famille de Stanislas, afin de se rendre à Jaroslaw, où ma sœur était toujours emprisonnée. Nous arrivâmes tard le soir, mais je courus à l'écurie embrasser le cheval, coéquipier de nos randonnées. Je pris une poignée d'avoine et la lui offris, savourant le contact de sa bouche humide dans mes paumes ouvertes.

En sortant je vis Stanislas. Il était seul, perdu en lui-même, parmi l'odeur des foins et le chant des cigales. Je m'élançai vers lui, pour l'embrasser, lui parler, mais sans mot dire il me montra d'un geste large les étoiles. Je me serrai contre lui. Il mit ses bras autour de mes épaules puis, se baissant un peu, posa son menton sur ma tête. Nous restâmes ainsi sous la voûte du ciel, dans un sentiment de plénitude.

Tout redevenait possible : la guerre n'existait plus, j'avais une lignée d'ancêtres pour m'ancrer dans le temps, une famille pour m'entourer, une maison pour m'abriter. Dans les bras de Stanislas, je n'était plus un mobile perdu dans l'espace, j'avais ma place parmi les vivants, parcelle de vie chargée d'avenir.

Et puis, Stanislas se mit à parler : « Quand on est dans la nuit noire, on s'en sort toujours parce qu'il y a les étoiles. Quand on est dans la gangue, dans la coulée de roche qui se solidifie, il faut penser aux géodes, ces bulles de gaz qui restent dans la lave et autour desquelles se cristallise la pierre. Dans la vie, il y a des moments pareils aux géodes, des moments qui scintillent et font oublier la gangue des jours. »

Jamais je ne l'avais entendu parler aussi longtemps.

Liberté en trompe-l'œil

La guerre tirait à sa fin. J'avais neuf ans et plus personne n'essayait de me cacher les événements. L'armée Rouge atteignit la Vistule, le soulèvement de Varsovie éclata. Je savais maintenant que mon père était officier d'état-major de la Résistance et que mes deux cousins, âgés de quatorze et seize ans, étaient membres de l'A.K. *. J'écoutais avec avidité les émissions de Radio-Londres. Les gens disaient :

« Les nôtres vont libérer Varsovie.

— Les Alliés ne les laisseront pas tomber.

— L'armée Rouge traversera la Vistule et aidera les insurgés à écraser les Allemands. »

Rien de tout cela n'arriva. Varsovie fut rasée. Les survivants de l'A.K., faits prisonniers, partirent dans une longue marche vers les camps de concentration allemands. L'armée Rouge traversa la Vistule pour prendre possession des décombres.

* Armée intérieure de la Résistance.

Après des années de clandestinité, mon père, qui m'était resté inconnu, se retrouvait prisonnier. Mes deux cousins avaient disparu dans les égoûts qui servaient de voies de communication entre les différents quartiers de la ville. Nous avions souvent joué ensemble. Mon enfance mourait une fois encore. Je n'arrivais pas à concilier l'image d'une mort héroïque, telle que je me la représentais, les armes et le drapeau à la main, et celle de leur longue marche souterraine dans les déjections et les eaux souillées. Pourquoi fallait-il qu'ils meurent noyés dans cette saleté ou asphyxiés par les gaz que les Allemands injectaient dans les canaux ? Pourquoi fallait-il que leurs corps soient jetés dans la fosse commune ? J'ai vu leur père revenir de Dachau. Muré dans le silence, figé dans la douleur, il marchait à grands pas sans direction précise, comme absent du monde des vivants. Je l'ai plaint d'avoir été épargné.

La Libération nous surprit en plein hiver dans un petit village des Carpates. Le paysage tout entier était blanc comme le silence. Cette blancheur m'apaisait. Les montagnes enneigées touchaient le ciel, enfin rapproché de la terre par les nuages descendant en flocons épais. Aucune couleur, aucune demi-teinte. Seules les stries noires des arbres nus. Ce contraste était, lui aussi, rassurant.

Depuis plusieurs semaines, on entendait le front se rapprocher. Les nuits étaient secouées du bruit des canons. Une lumière rouge irradiait l'horizon. Un jour, les gamins du village arrivèrent à la maison en criant que l'armée allemande avait quitté Cracovie. À l'aube, l'un d'eux frappa à la fenêtre et m'entraîna dehors. Le soleil venait à peine de se lever et les cristaux de neige avaient un reflet rose. Un bataillon de Mongols à cheval faisait son entrée.

Hommes, femmes, enfants, même les vieillards qui, l'hiver, ne s'éloignaient pas du grand poêle de faïence, étaient sortis sur le pas de la porte. Eux qui, pendant quatre ans, avaient écouté la radio de Londres, caché les résistants de l'A.K., vécu repliés sur eux-mêmes dans l'espoir de la libération regardaient défiler l'image d'une terreur séculaire. Les vieilles paysannes se signaient et repoussaient leurs filles dans les maisons. Les hommes crachaient en se retournant comme s'ils soupçonnaient la présence du Malin. La population entière s'était figée.

Le bataillon s'arrêta sur la place du village. Le chef donna un ordre et les petits cavaliers se dispersèrent. Personne n'eut le temps de réagir. Ils avaient déjà sauté de cheval et commencé à rafler poules, cochons, sacs de grain. Ceux qui tentaient de leur barrer le chemin étaient écartés à la baïonnette, mais sans méchanceté. Tout au plus y perdaient-ils leur montre — seul luxe des pauvres. Les plumes volaient partout. Les hurlements des cochons couvraient les cris des femmes : « Jésus Marie ! Jésus Marie ! »

Et puis, le bataillon se reforma, tel un nuage de sauterelles qui reprend son envol et les cavaliers repartirent au trot de leurs petits chevaux. Ils avaient réquisitionné deux charrettes pour emporter leur butin.

Quelques jours plus tard, ma mère arriva avec Joanna. Les Allemands, dans leur fuite, n'avaient pas eu le temps d'achever les prisonniers. Ma sœur avait été libérée par les résistants polonais dans le court intermède entre le départ des Allemands et l'arrivée de l'armée Rouge. Joanna était toute raide. Sa peau tirait sur le bleu, des traînées sanguinolentes zébraient son dos. Elle n'a jamais raconté à personne ce qu'elle avait vécu.

Nous repartîmes vers Cracovie, elle aussi libérée par l'armée Rouge. Les soldats soviétiques avaient remplacé les soldats allemands. La peur d'un danger sûr et connu se transforma en angoisse insidieuse parce que incertaine. On racontait des histoires terrifiantes sur la barbarie des Russes. Le spectre de Gengis Khan remontait des profondeurs de l'Histoire. Le bruit courait qu'ils étaient toujours à moitié soûls, se lavaient dans la cuvette des W.-C., violaient les femmes, incendiaient les maisons et raflaient tous les attributs de la civilisation moderne, à commencer par les montres et les radios.

Je ne sais pas si cela était vrai. En cinq années de guerre, la violence et la clandestinité avaient à tel point disloqué la vie de chacun que la réalité devenait incertaine, comme si l'œil ne parvenait plus à accommoder. L'imaginaire devenait la seule valeur à laquelle on pouvait se raccrocher.

Mais la réalité donnait souvent raison à la terreur. Stanislas, parti à Varsovie chercher, comme tout le monde, ses morts dans les ruines et les fosses communes, ne revint pas. Le cheval, notre compagnon, ramena son corps dans la charrette où il avait tant de fois échappé au danger. Stanislas avait un trou au milieu du front. Ses cheveux blonds étaient englués de sang, mais son visage ressemblait à celui d'un enfant qui dort. Lui qui refusait la parade des grands sentiments avait trouvé une mort aussi banale qu'absurde : un soldat soviétique à moitié ivre, ne parvenant pas à monter dans un train bondé, avait tiré dans la foule pour se faire de la place, et la balle avait été pour lui.

Sa mère hurla pendant deux jours et deux nuits. Son cri me transperçait. J'ai pleuré, au-dedans de moi, sans montrer mes larmes à personne. Stanislas disparu, ma confiance était trahie et cette douleur de mère, plus forte que la terreur, me glaçait parce qu'elle était encore un cri de vie.

À cette même époque, ma sœur disparut de nouveau. Nous venions de déménager dans un deux-pièces que ma mère avait loué à Cracovie. Mon frère aîné était rentré du maquis et, exception faite de mon père, toute la famille s'était miraculeusement retrouvée. Il était deux heures, et nous étions en train de manger, lorsqu'on sonna à la porte. Un inconnu demanda à voir ma mère : Joanna avait dû suivre dans la rue un policier en civil et elle lui avait crié son adresse pour qu'il prévienne sa famille.

Ma grand-mère, qui ne bougeait plus de son lit, se recroquevilla un peu plus. Ma mère resta la tête entre les mains. Mes frères se turent. Leur image devint très floue : les personnages demeuraient fixes, mais le cadre se balançait dans le vide. Je proposai à ma mère de fouiller la maison pour vérifier que la police ne trouverait pas d'objet compromettant. Elle me regarda d'un air hagard. Puis, comme si elle reprenait pied dans la réalité, son regard s'éclaircit et elle dit : « Tu as raison. Ils peuvent venir perquisitionner d'un moment à l'autre. »

C'était la première fois depuis le début de la guerre que l'on me confiait une mission. Elle me permettait de surmonter le sentiment d'impuissance face à cette suite de désastres. À l'instant où j'avais vu ma grand-mère cuire ses nouilles au milieu des cadavres, j'avais appris que seul le mouvement permet de ne pas se laisser emporter par la désolation.

Je fouillai scrupuleusement les affaires de ma sœur. Outre les bouts de poèmes écrits en prison, une rose séchée et ses cours de lettres, je trouvai des tracts clandestins que je brûlai dans l'évier avant d'en rincer toute trace.

Ma mère fit le tour de tous nos amis et connaissances susceptibles d'intervenir auprès de la police. Trois ou quatre semaines plus tard, Joanna revint. On ne l'avait pas torturée. On l'avait interrogée seulement sur son rôle dans la Résistance. Elle ne voulut rien dire d'autre. On pouvait maintenant lui toucher le dos sans qu'elle crie de douleur ou de peur mais, si on lui parlait, Joanna lançait un regard chaviré et suppliant, comme si son âme, elle, était couverte d'ecchymoses.

Chacun se tut une fois de plus. On s'était battu cinq ans pour vivre et pouvoir s'exprimer librement, mais au-delà des mots de victoire et de liberté, imprimés sur les murs et dans les journaux, rabâchés par la radio, il n'y avait toujours autour de moi que le mutisme du désespoir.

Dans ce silence de deuil, la vie recommença à s'organiser. La guerre était finie. Les survivants avaient évité une mort glorieuse, sans avoir gagné le droit à une vie libre. Ils étaient exsangues.

Ma mère décida de nous mettre à l'école. J'échouai dans un couvent d'Ursulines. Je me laissais mettre en rang sans protester. Je ne sortais de mon hébétude qu'avant la récréation de onze heures : on nous y distribuait des petits pains au sel et au cumin. J'adorais. Je m'accoudais à la balustrade qui cernait un trou ovale s'ouvrant du premier étage sur le hall d'entrée. On l'appelait « l'œuf ». Chaque matin, après avoir mangé mon petit pain au cumin et épuisé ainsi les joies de la journée, j'étais dévorée par l'envie de sauter dans l'œuf.

Je ne retrouvais un sentiment de chaleur et de vie qu'en me rendant, après l'école, au camp abritant les personnes rapatriées des territoires annexés par l'U.R.S.S. Ma mère y était médecin-chef, et j'étais fière de la voir œuvrer au milieu des infirmières et des malades, imposant à tous son autorité.

Elle n'avait pas le temps de s'occuper de moi, mais je me sentais moins seule parmi ces hommes et femmes décharnés, misérables, qui avaient tout perdu — leurs biens, mais aussi leur passé, leurs racines, leurs amis. Je restais assise sur les marches du pavillon où ma mère recevait les malades. Les gens me souriaient au passage et cela me réchauffait. Je ramassais les gamelles et j'allais chercher la soupe à la cantine. Je marchais lentement pour ne rien renverser — j'avais, de toute façon, perdu l'élan nécessaire pour courir et sauter. Ma grand-mère m'accueillait chaque fois avec le même reproche : « Pourquoi traînes-tu en route ? Tu mets tout le monde en retard. »

Ce n'était pas vrai mais la vie était si lente que le repas prenait l'allure d'un événement.

Ma mère ne rentrait que le soir. Je la voyais toujours aussi peu et je souffrais toujours autant de son absence, mais j'avais fait l'apprentissage de la solitude. Autour de moi, je ne sentais d'ailleurs que résignation. La révolte et l'espoir étaient ensevelis sous les ruines de Varsovie.

Mon autre rayon de lumière était Tante Julia. Ses yeux étaient toujours aussi bleus, d'une incandescence à peine voilée par cette tristesse qui enveloppait tout mon entourage. À travers eux, je gardais une ouverture sur un monde où l'art et la beauté demeuraient encore une forme d'amour et d'espérance.

Quand j'arrivais dans son atelier, Tante Julia rangeait ses pinceaux. Je ne savais plus poser de questions. La Résistance, la clandestinité, l'angoisse m'avaient trop imprégnée de silence. Mais je buvais ses paroles comme des paroles de vie, comme le Verbe de l'Évangile.

« Le plus beau cadeau que l'on puisse faire à autrui, disait Tante Julia, c'est le temps — le seul bien qui t'appartienne en propre. Il est stupide de dire : " Le temps, c'est de l'argent. " Le temps, c'est la vie ; il n'a pas de prix. L'argent n'a pas de valeur en soi. Il ne représente qu'une forme de compensation. Il n'est l'exclusivité de personne... Les gens de ma génération sont très fâchés de voir leurs biens et leurs pouvoirs passer aux mains des ouvriers et des paysans. Moi, j'y vois une justice. À leur tour d'en profiter. Mais il ne faudrait pas qu'ils s'imaginent, comme leurs anciens seigneurs et maîtres, que la propriété et le pouvoir apportent un réel bénéfice... Quand je vais chercher ma pension, les employés me font attendre des heures. Ils prennent un bout de ma vie. Où est leur profit ? Le pouvoir existe par ce qu'il prend ou par ce qu'il donne aux autres. En soi, il n'est rien. L'amour, l'espoir, le pouvoir, tout passe par les autres. Même ma peinture... J'ai besoin de la montrer. Mais elle provient quand même de mon temps, de ma vision des formes et des couleurs, des sentiments et des sensations que j'essaie de traduire. »

Elle appelait sa gouvernante qui m'apportait des confitures de griottes sur une soucoupe aux bords dorés avec une petite cuillère en vermeil, souvenirs d'un monde disparu. Tante Julia passait sa main dans mes cheveux et reprenait ses pinceaux. Je partais sur la pointe des pieds, comme on sort d'une église. La rue, les murs vagues à force d'être gris, les épaules voûtées des passants, leurs yeux rivés au sol faisaient s'évanouir l'enchantement.

J'étais choquée par le contraste. Dans la morne grisaille de la Pologne d'après-guerre,

Tante Julia réussissait à survivre entourée d'un halo de lumière, tissant sa vie autour de sa peinture. Elle m'émerveillait, moi qui me sentais constamment ballottée, disloquée par des forces contradictoires. Bien sûr, j'étais une enfant, mais autour de moi, les adultes n'étaient pas plus doués et menaient des vies aussi désarticulées que la mienne.

Un jour, forçant mon courage, je questionnai Tante Julia :

« Comment fais-tu pour être heureuse ? »

Elle me répondit en souriant :

« Je suis surtout très vieille. Le bonheur, le malheur, ça va, ça vient. Ce qui compte, c'est d'être véridique. Dire ce qu'on fait et faire ce qu'on dit. Ne pas se tromper sur ce qu'on veut faire et dire. »

Je ne compris pas très bien le sens de sa réponse. J'avais envie, moi, de me caler sur les genoux de ma mère — et cela était impossible. J'avais envie de cogner les autres ou de les fuir — et cela aussi était impossible. Je me souvenais de mon jardin perdu. Un paradis. Mais mon bonheur n'y avait pas été vrai à cause des fusillés sur le versant d'en face. Le vide dans lequel j'étais suspendue était-il vrai ? Pouvait-on être vrai en se balançant dans le vide ?

Dans la capitulation générale face à une nouvelle oppression, il y eut cependant un dernier sursaut. Le 3 mai, jour de la fête nationale, aucune manifestation n'avait été prévue, mais une foule nombreuse vint assister à la grand-messe dans la cathédrale. Le prêtre fit un sermon où il était question de souffrance et de courage et la foule chanta. Une communion s'établissait dans l'assistance : nous étions tous solidaires et Dieu était avec nous puisqu'il nous accueillait dans sa maison.

Et tout à coup, au moment précis où le désespoir chavire, parce qu'il devient insupportable, et se transforme en une folle et téméraire espérance, quelqu'un entonna l'hymne national. Le prêtre prononça « *Ite missa est* », comme une bénédiction d'avant le combat. On ouvrit le portail. La foule s'écoula en clamant :

« Vive la Pologne !

— Liberté !

— Indépendance ! »

Nous étions libres, puisque nous pouvions appeler la liberté. L'avenir s'ouvrait et le bonheur paraissait possible. Le long des vieux murs qui entourent la ville, nous marchions dans Cracovie et le cortège grossissait, abandonnant le royaume de Dieu pour appeler au secours le gouvernement de Londres et huer le parti communiste.

J'avais perdu ma famille. Un garçon inconnu, lorsque la foule nous pressait trop, me protégeait de son bras. Dans ce qui me restait d'ingénuité enfantine je pensais que nous allions libérer Cracovie. Tous le croyaient-ils ? La police avait disparu. Les gens criaient : « Jamais les soldats polonais ne pourront s'opposer à nous ! »

Ils ne l'ont pas fait, c'est vrai. Mais au coin d'une rue que je prenais le matin pour aller à l'école, je vis tout à coup des soldats russes, carabine au poing. Peut-être y avait-il aussi des camions militaires ou des tanks. La foule s'immobilisa comme un cyclone se ramasse avant de se transformer en tourbillon qui monte vers le ciel. Le garçon à côté de moi disparut. Dans la panique, des gens furent écrasés au sol.

Sans doute criaient-ils, mais pour moi, le film est soudain devenu muet. Je n'en comprenais pas le sens. Je tombai à mon tour dans la poussière et restai étendue sur la chaussée. En quelques secondes, je revis ma maison incendiée. Le tableau du Christ avec le cep de vigne. Mon arrière-grand-mère défendant son château contre les Turcs, cette longue chaîne des morts qui m'avaient précédée — des hommes entraînés par le même espoir, anéantis dans la même révolte. Yann étendu dans la neige et Stanislas couché au fond de la charrette, un trou rond au milieu du front. Et puis mes propres morts, celles que j'avais vécues, celles qui me restaient à vivre. Je n'avais plus le courage de me lever. Je ne jouais plus. Où était la limite entre la vie et la mort si la vie n'était que mort et souffrance ?

Autour, le film muet se déroulait à toute vitesse, comme si la bobine s'était emballée. Les gens couraient dans tous les sens, le visage gravé d'angoisse. Dans un ultime sursaut, je me dis qu'il fallait que je rentre dans le film, puisque, moi aussi, j'en faisais partie. En vain, je n'y arrivai pas.

J'ai oublié la suite. C'est mon dernier souvenir de Pologne.

D'un monde à l'autre

Mon père ne pouvait rentrer en Pologne. Résistant non communiste, il était promis à une mort certaine. Ma mère décida alors de le rejoindre. Lourde décision. Elle laissait ses deux aînés, sa mère qu'elle était sûre de ne plus revoir, un métier qui lui avait donné force et joie. Elle partait vers une terre, une langue, une société qui lui étaient étrangères. Mathieu et moi aussi.

Le départ ne fut pas simple. La Croix-Rouge emmenait des enfants polonais en Suisse où, trois mois durant, des familles bénévoles avaient à charge de les réalimenter.

Nous prîmes le train pour Varsovie — ce même train bondé où mourut Stanislas. La ville n'était que ruines : pans de murs découpés dans le ciel, monceaux de pierres écroulées. Une fine poussière flottait dans les rues transformées en terrains vagues. Une odeur de brûlé s'en dégageait, comme si le feu couvait encore sous les cendres. Nous marchâmes longtemps à travers les ruines — il n'y avait plus de transports publics. Des équipes d'ouvriers déblayaient à la main les briques et les gravats. Des silhouettes solitaires se profilaient sur fond de ciel, perdues dans une méditation douloureuse. Bien qu'immobiles, elles dégageaient une présence intense : celle des proches ensevelis dans les décombres, et que, par un geste d'espoir insensé, on pouvait encore croire vivants.

Nous montâmes l'escalier, accroché au vide, d'une maison éventrée. Au premier étage, dans un appartement miraculeusement préservé, vivait une amie de ma mère. On nous coucha sur un matelas. La pluie qui dégoulinait le long du mur me réveilla au petit matin. Il fallut déplacer le matelas, disposer des cuvettes pour recueillir l'eau. J'avais peur que le reste de la maison ne s'effondre et ne nous enterre, mais je ne pouvais l'avouer, honteuse à l'idée que d'autres étaient morts, les armes à la main, et que moi je tremblais comme une souris dans les ruines où ils étaient ensevelis.

Ma mère entama les préparatifs du départ. Elle nous rabâcha sans fin la consigne : nous devions rester en Suisse aussi longtemps qu'elle ne nous aurait pas rejoints. En dépit de mes dix ans, je n'ai pas compris, et mon frère non plus, que nous quittions pour toujours cette Pologne qui n'était plus mais qui aurait pu devenir la nôtre.

Elle me dit aussi : « Tu as un an de moins

mais tu es plus mûre que ton frère et plus solide. Je te le confie. Tu me remplaces. »

Je répondis qu'elle pouvait compter sur moi. Je me sentais très vieille et très responsable. J'ignorais à quoi je m'engageais.

Elle nous remit notre passeport, l'adresse des familles qui devaient nous accueillir pendant trois mois et traça, comme d'habitude, un signe de croix sur nos fronts.

Nous montâmes la passerelle comme si le ciel vers lequel l'avion s'envolait était celui du paradis.

À l'aéroport de Zurich, nos familles d'accueil respectives nous séparèrent immédiatement. Je me retrouvai encadrée par un homme corpulent et rougeaud et une femme plus corpulente encore. Ils m'étourdirent de paroles incompréhensibles illustrées de gestes infantiles, comme si j'avais été un bébé de deux ans. Il était loin le paradis !

Nous prîmes le train pour Winterthur. Nous traversâmes de petites rues bordées de maisons bien propres, sans qu'une seule trace de bombe trouble leur apparence. Il y avait des rideaux de dentelle aux fenêtres, des fleurs aussi, comme sur les fosses communes de Varsovie. Il me parut étonnant que des fleurs puissent orner la demeure de vivants.

Nous entrâmes dans un appartement lustré

qui respirait le confort et la petitesse. On m'attribua une chambre minuscule derrière la cuisine, occupée par un grand lit recouvert d'un épais édredon blanc. Une poupée reposait sur l'oreiller. Je la pris et la fourrai sous le matelas. J'avais, bien sûr, envie de jouer avec elle, mais cela me paraissait indigne. Je repoussai l'édredon. Il était chaud et doux et cela aussi me paraissait inacceptable. Je découvris une bouillotte en métal, objet inconnu, que je rejetai aussitôt en raison de son étrangeté. Je la rapportai à la cuisine.

Déjà occupée à ses fourneaux, Frau Putzmann me serra sur son cœur. Elle portait un corset dont les baleines m'entrèrent dans les côtes et je n'eus pas la force de dépasser cette sensation physique de dureté.

Herr Putzmann me serra la main et m'assena de grandes claques dans le dos. Ses cheveux roux, coupés court, laissaient entrevoir un crâne rond et rose orné d'oreilles décollées. Je pensai aux leçons de Grand-père : « Si, en débarquant du sous-marin, tu vois des éléphants aux grandes oreilles décollées, tu es en Afrique. S'ils ont des oreilles petites et bien plaquées contre le crâne, tu es en Asie. »

Où avais-je donc débarqué ?

Les mains de Herr Putzmann étaient couvertes d'une saleté incrustée dans les pores. Le travail d'usine les avait rendues difformes. Elles provoquèrent en moi une répulsion dont je m'en veux encore aujourd'hui. Je n'avais jamais vu d'ouvrier.

Frau Putzmann m'entraîna dans la pièce commune. La « stube » était la seule pièce chauffée de l'appartement. Cette chaleur m'engourdissait. La soupe était pleine de longs fils de poireaux et ils me donnèrent envie de vomir. Herr et Frau Putzmann essayèrent de me parler. Je ne comprenais rien. Bien que leur voix fût calme et amicale, leur langue avait la sonorité arrogante de celle que j'avais entendue pendant la guerre. Je hochais la tête en m'efforçant de ne pas pleurer.

Frau Putzmann considéra que j'étais fatiguée. Elle posa sa joue dans la paume de sa main en fermant les yeux pour m'indiquer que je pouvais me coucher. Je fis un misérable sourire et regagnai ma chambre pour me tapir, toute recroquevillée, dans un lit glacé.

Trois mois durant, la vie passa, calme et monotone. J'appris suffisamment d'allemand pour communiquer avec mes hôtes et ânonner à leurs amis les phrases de politesse qu'ils m'avaient laborieusement apprises. J'aidais Frau Putzmann à frotter la maison. Elle tenta en vain de m'apprendre à tricoter. J'emmêlais les aiguilles et je perdais les mailles. Je n'arrivais pas à donner une forme aux pièces et me contentais de fabriquer, au point mousse, d'interminables bandes de dix centimètres qui provoquaient les réprimandes de Madame Putzmann.

Le dimanche, le fils Putzmann venait déjeuner avec sa femme. Frau Putzmann préparait un rôti à la place des saucisses. Elle serrait plus fort son corset pour entrer dans sa robe de fête. Une miette de pain tombée à terre, un objet déplacé prenaient des allures de catastrophe. Herr Putzmann préférait alors fuir la « stube » pour se réfugier dans sa chambre à coucher, aussi glaciale que la mienne. Pourtant, lui aussi faisait ce jour-là un effort vestimentaire. Le faux-col me paraissait aussi ridicule que les bretelles qui soutenaient le large pantalon de Herr Putzmann. Je ne pouvais m'empêcher de regarder ces convenances avec un certain mépris : elles n'étaient pas les miennes.

Les repas du dimanche duraient des heures. On parlait argent, famille, maison. Ces conversations paisibles et bornées me déchiraient le cœur. Je ne pouvais m'y associer. Cela aurait été trahir Stanislas et tous ceux que j'avais vus mourir pendant la guerre. Je me réfugiais dans une protestation muette ; je ne touchais pas à la nourriture. Au café, lorsqu'ils s'étalaient dans les fauteuils à fleurs mauves, mon ventre creux me faisait sortir de la résistance passive. Je cherchais à la radio des émissions en polonais. Jusqu'à ce que le fils Putzmann se lève pour couper le son en déclarant : « Ici, tu es en Suisse, pas en Pologne ! Tu n'as qu'à parler allemand, comme tout le monde. »

La seule issue était de vivre parallèlement mes

deux vies : celle, tout intérieure où il y avait ma mère, Stanislas, les drames que j'avais vécus et dont le souvenir me devenait presque doux, tant il m'était familier, et celle où chaque mouvement était contraint et maîtrisé, où les mots sortaient de ma bouche comme une bulle de bande dessinée parce qu'il fallait bien répondre à la bulle des autres.

Un jour, dans le train de Zurich, où je me rendais en compagnie de mon frère, nous rencontrâmes un Polonais. Il nous entendit parler, nous interrogea sur notre origine. Nous nous séparâmes sur le quai. En rentrant chez Herr et Frau Putzmann, je réalisai que je ne pourrais pas vivre sans le retrouver. J'arrachai les feuilles de mon unique cahier, les découpai en quatre par économie, et rédigeai en polonais l'annonce suivante :

« Besoin de retrouver d'urgence monsieur rencontré dans le train de Zurich à Winterthur le 5 janvier 1947, qui a parlé avec une fille et un garçon polonais. C'est très important. »

J'achetai un pot de colle avec les maigres sous que m'avait donnés Herr Putzmann à mon arrivée et passai des après-midi à coller mon annonce sur les murs et les reverbères.

Winterthur est une petite ville. Personne n'y colle des annonces en polonais sur papier quadrillé. Huit jours plus tard, l'homme sonnait à la porte et demandait à me voir. Frau Putzmann, frappée de stupéfaction, me posa la question : « Est-ce ton papa ? » Je ne sus que répondre, l'étranger non plus. Nous échangeâmes des banalités et il s'en alla, en disant gentiment que je pouvais faire appel à lui en cas de besoin. Je n'eus pas à le faire. La même semaine, mon père arriva, et à la même question de Frau Putzmann « Est-ce ton papa ? » je répondis « Je ne sais pas. »

Le seul souvenir que j'avais gardé de lui, c'étaient ses guêtres gris perle sur des chaussures vernies noires, à la hauteur du regard de mes trois ou quatre ans. Les autres s'étaient effacés de ma mémoire à l'instant où il n'avait pas voulu — ou pas pu — me reconnaître. Et toutes ses photos avaient été détruites, par précaution, lorsqu'il était recherché par les polices russe et allemande.

Mon père faisant montre d'une hésitation semblable à la mienne, Frau Putzmann se décida à faire elle-même les présentations : « Vous êtes monsieur X ? Voici votre fille. »

Le doute n'était plus permis. Mon père m'embrassa gauchement et se perdit dans des remerciements à l'égard de Frau Putzmann. Nous eûmes une conversation bizarre où il essaya de trouver mon âge mental, me parlant alternativement comme à une petite fille, puis comme à une adulte.

Notre conversation aboutit à une conclusion

simple : nous resterions en Suisse le temps qu'il faudrait pour attendre notre mère. Militaire dans l'armée alliée, mon père ne pouvait nous emmener en Allemagne, et nous n'avions aucune chance d'obtenir un visa. Mon frère était malade des poumons, je m'occuperais de lui. Il fut convenu avec Frau Putzmann que j'irais à Berne pour tenter de faire prolonger notre visa. Si je l'obtenais, Herr et Frau Putzmann ainsi que la famille qui gardait mon frère nous confieraient à un orphelinat. L'hypothèse contraire ne fut pas envisagée. Elle signifiait que ma mère ne pourrait jamais rejoindre mon père.

Il partit en m'embrassant tout aussi gauchement qu'à l'arrivée et le plan fut mis à exécution.

À Berne, je trouvai la préfecture et demandai à voir le chef. J'avais dix ans. Ma démarche était si insolite pour les employés de police suisses que, après avoir examiné longuement notre passeport commun, et insisté pour savoir où se trouvaient nos parents, ils me conduisirent dans le bureau du directeur. Il m'offrit un fauteuil. Pour me donner de l'assurance, j'essayai d'abord de m'y caler profondément mais mes pieds n'atteignaient pas le sol. Je commençai à raconter mon histoire : notre mère nous avait confiés à la Croix-Rouge pour nous emmener en Suisse mais nous étions trop petits pour rentrer seuls, d'autant que mon frère était malade et ne pouvait entreprendre ce voyage tout de suite. Monsieur le chef de la police suisse accepterait-il de prolonger notre visa, pour que mon frère guérisse en profitant du bon air des montagnes et que notre maman puisse venir nous chercher ?

Le directeur me regardait avec un sourire amusé. Notre cas n'était pas prévu au règlement. Pour prolonger le visa, il fallait une carte de travail. Mais puisque les enfants n'avaient pas le droit de travailler, il ne lui déplaisait pas d'accorder une dérogation et — qui sait ? — de raconter ma visite à ses propres enfants.

Je repartis avec un superbe tampon sur notre passeport. Je le contemplai pendant tout le voyage : il nous permettait de rester six mois de plus en Suisse, conformément au vœu de ma mère. Rien ne pouvait me rendre plus fière que d'avoir tenu ma promesse à son égard en nous prenant en charge, Mathieu et moi.

Une semaine après, la famille Putzmann et la famille Knopf qui hébergeait mon frère nous accompagnèrent à la gare. Frau Putzmann fit craquer toutes les baleines de son corset en me serrant sur son cœur.

J'eus comme un regret de ne pas savoir répondre à son élan. Il y avait un fossé trop grand entre sa vie, toute lisse, astiquée à l'instar de ses meubles et cette déchirure béante qui était la mienne.

Herr Putzmann posa deux baisers mouillés sur mes joues et fit une dernière plaisanterie... Cet homme suait de partout, corps et âme. Ses discours étaient désespérément laborieux. J'étais trop intolérante pour les admettre. Quand j'y pense aujourd'hui — maintenant que j'ai fait connaissance avec la vie de tous les jours : sa petitesse, son usure, le courage nécessaire pour y résister —, j'éprouve une tendresse pour cet homme, prisonnier de son travail routinier, de son confort matériel, de sa famille étriquée. L'accueil d'une enfant malmenée par la guerre fut peut-être sa première tentative pour découvrir une solidarité, une générosité sans retour.

Mathieu et moi nous installâmes dans le train avec nos valises en carton, comme un vieux ménage qui ne se parle plus, car son passé pèse trop lourd face à un avenir dénué d'espérance.

Nous changeâmes à Zurich, puis à Chur. Comment le soleil pouvait-il briller sur ces sommets poudrés de neige alors que les ruines de Varsovie fumaient encore ? Ce panorama grandiose me paraissait une injure aux maisons éventrées par les bombes, calcinées. Une injure à la mort et à la souffrance de ceux qui y avaient été ensevelis. Si je faisais part de mes pensées à ma mère, sans doute, affirmerait-elle, avec sa foi tranquille : « Les montagnes sont l'œuvre de Dieu. Il est normal qu'elles soient éternelles, contrairement à l'œuvre de l'homme. »

Mais je haïssais ce Dieu qui se retirait dans la grandeur des montagnes mortes et abandonnait les hommes à la douleur et au désespoir.

J'essayais d'imaginer la réponse de Stanislas. Avec son sourire ironique au coin de la bouche, il aurait dit : « Heureusement qu'il nous reste les montagnes ! Si elles aussi se mettaient à bouger ou à se casser en mille morceaux ! Tu te rends compte ? »

C'était mieux, mais Stanislas était mort et j'étais seule face aux montagnes qui me narguaient.

Le soleil commençait à se coucher quand nous arrivâmes dans le village où se trouvait l'orphelinat. Un homme nous accueillit à la gare. Nous montâmes une route en lacet jusqu'à un grand chalet accroché au flanc de la colline. Une femme sans âge nous attendait devant la porte. Elle se nommait Schwester Hedwige. Elle ressemblait à une momie. Elle avait les cheveux tressés en couronne autour de la tête, les mains croisées sur la poitrine. Une sérénité émanait d'elle mais c'était la sérénité des cimetières, où l'on n'ose pas élever la voix, de peur de réveiller les morts.

Elle nous interrogea sur notre âge et notre famille et nous emmena l'un après l'autre dans nos dortoirs respectifs. Dans celui des filles mon lit se trouvait entre celui d'Elsbeth, une grande fille de quinze ans qui ne souriait jamais et celui de Klara qui avait mon âge et qui bougeait sans cesse. Elles me posèrent toutes les deux la même question : « As-tu des parents ? Pourquoi es-tu ici ? »

Jusqu'à notre arrivée, il n'y avait que deux situations connues au sein du « Kinderheim » : celle des enfants qui avaient perdu leurs deux parents — c'était le cas de Klara —, et celle des enfants abandonnés par les leurs — c'était celui d'Elsbeth. À leur connaissance, il n'y avait jamais eu d'enfants séparés de leur famille pour d'autres raisons.

J'essayai de leur expliquer dans mon allemand approximatif que Mathieu et moi nous avions dû quitter la Pologne pour retrouver notre père qui ne pouvait pas y vivre sans risquer la prison. Cela dépassait leur entendement : puisque la guerre était finie, les seules personnes qui pouvaient risquer la prison étaient, pour elles, les criminels. Klara — la plus résolue des deux — résuma leur position : « Ou ton père est un criminel et c'est normal qu'il aille en prison, ou il ne veut pas te voir et tu te retrouves dans le même cas qu'Elsbeth. »

Klara préférait de loin sa propre situation. Ses parents ne pouvaient plus la faire souffrir d'aucune façon. Elle était une orpheline satisfaite de son sort.

Notre arrivée rompait agréablement la monotonie des jours. Ce genre d'événement survenait six fois par an au maximum. L'emploi du temps demeurait invariable. Après le petit déjeuner, les travaux ménagers occupaient la matinée. Couvrir les lits, balayer les pièces, frotter les meubles, nettoyer les douches et les lavabos. À tour de rôle, deux enfants étaient désignés pour aider à la cuisine. Pour moi, c'était la joie. Je caressais les légumes avant de les éplucher. Leur tendre fraîcheur venait d'un monde porteur de vie. La cuisinière était une paysanne des Grisons à la peau tannée. À force de plisser les yeux au soleil, ses rides formaient des petites rigoles blanches qui évoquaient le maquillage rituel des Indiens.

Elle n'avait pas le temps de se préoccuper des états d'âme de ses aides, mais elle ne nous laissait jamais partir sans avoir fourré dans la poche de notre tablier un gâteau sec ou un morceau de pain d'épice.

Après le déjeuner, c'était la sieste obligatoire sur la terrasse, dans des chaises longues et emmitouflés jusqu'au nez. Nous n'avions pas le droit de parler. Il fallait que ceux qui avaient des maladies pulmonaires se reposent. Ensuite, nous étions autorisés à nous promener, avant de dîner en silence et d'aller au lit.

L'atmosphère de l'orphelinat était si triste, si dépourvue d'espérance qu'au bout de huit jours, bien que vaccinée à ma façon, je me sentis authentiquement et définitivement orpheline. J'essayai de nouer un contact avec mes camarades, mais elles étaient déjà murées dans leur solitude. Nos échanges se limitaient au commerce des sucreries ou aux corvées. Le courant d'amour avait été coupé. Si, par miracle, il en surgissait une étincelle, le regard froid et impitoyable de Schwester Hedwige l'éteignait aussitôt. Personne n'osait parler en sa présence.

Un jour, Klara posa la question à la cuisinière :

« Pourquoi Schwester Hedwige ne rit-elle jamais ?

— C'est une vieille histoire. Son fiancé l'a abandonnée quand elle était jeune, huit jours avant le mariage. Tout était prêt, les invitations lancées, la robe de mariée aussi et même le voyage de noces en Italie... Il a épousé une autre femme, parce qu'elle attendait un enfant de lui. Hedwige ne s'en est jamais remise. »

Ces explications me firent regarder Schwester Hedwige avec plus de respect. Elle avait fait un choix et elle lui était restée fidèle à travers le temps, même lorsque ce choix se fut avéré impossible. Mais je me demandais si l'indifférence méprisante qu'elle nous témoignait n'était pas, pour elle, une façon de se venger de l'enfant qui avait empêché son bonheur.

Les relations que j'entretenais avec mon entourage ne m'aidaient pas à vivre. Faute d'avoir un présent, je demeurais, moi aussi, prisonnière du passé. Je vivais les journées la tête vide, attendant avec impatience la solitude de la nuit pour pleurer tout mon soûl, le visage enfoncé dans l'oreiller.

Lorsque je n'avais plus une larme, j'essayais d'évoquer le visage, la silhouette de ceux que j'aimais. J'y parvenais, bien sûr, mais l'image était toujours passagère. Elle changeait, comme dans un kaléidoscope l'évocation fugace d'un mouvement, d'un geste, d'un sourire. Je ne pouvais m'en rassasier à loisir. Comment faisaient les autres ? À ma droite, Elsbeth n'émettait pas un son, aussi morte dans son sommeil qu'elle l'était tout au long de la journée. À ma gauche, Klara se débattait contre un ennemi invisible. Elle se tordait tel un poisson sur la grève en faisant grincer les ressorts du sommier.

La seule vie que je captais autour de moi était celle de la nature. Je connaissais tous les arbres, tous les buissons qui entouraient notre chalet. J'inventoriais les bourgeons, les fleurs et les feuilles. Dans l'histoire que je vivais, les silhouettes humaines ne variaient pas et leurs visages demeuraient muets, robots qui ne correspondaient à rien de vivant. Les montagnes, les arbres, les oiseaux changeaient de costume, de couleur, d'expression. C'est avec ces derniers que je pouvais établir un échange, chaud et léger. Sans eux peut-être me serais-je, moi aussi, définitivement absentée de moi-même.

Derrière le chalet poussait un vieil arbre aux branches noueuses et tombantes. Je l'appelais « drzewo » (arbre, en polonais), ou parfois

« moje drzewo » (mon arbre). Je l'enlaçais, je frottais ma joue contre son tronc. Je lui parlais comme à Grand-père ou à Stanislas. Au travers des racines qu'il plongeait dans la terre, il pouvait rejoindre les noyers de mon enfance.

Son murmure me rassurait : parfois il était doux, presque imperceptible, d'autres fois, quand j'avais le cœur gros à l'unisson du vent qui soufflait, il s'enflait démesurément et les craquements de ses branches ressemblaient à des cris.

À l'orphelinat, les jours ne se distinguaient pas les uns des autres. Tous semblables, ordonnés mais vides... L'hiver passa. Le printemps fit place à l'été. Il n'était plus possible de prolonger notre visa. Mon père, consulté par lettre, nous donna l'ordre de rejoindre Paris. Il nous envoya un billet pour le trajet Zurich-Varsovie, qui comportait un changement à Bâle... Si nous trouvions le moyen de rester dans le train, nous arriverions jusqu'à Paris, où il se débrouillerait pour qu'on nous accueille.

Schwester Hedwige fut avertie. Pour elle, nous rentrions en Pologne. Notre départ provoqua un regain d'intérêt chez nos camarades. Les uns y virent une lueur d'espoir pour l'avenir ; les autres considérèrent que rien de tel ne pouvait leur arriver et s'enfermèrent, plus encore, dans la résignation.

Nous montâmes dans le train le cœur battant. Si notre plan échouait, celui de nos parents s'effondrerait à son tour. Cette responsabilité me pesait si lourd que je ne songeais pas à me demander si ces projets correspondaient à mes désirs.

Nous laissâmes nos valises dans un compartiment et décidâmes du moyen de ne pas nous faire repérer. Lorsque la police passa, nous étions devant les toilettes, trépignant d'impatience. À la demande de montrer nos passeports, je répondis en allemand : « Maman est plus loin dans le compartiment. Elle a tous les papiers. »

Pendant ce temps, Mathieu agitait fébrilement la poignée en faisant des grimaces traduisant un besoin pressant.

Le policier hocha la tête avec commisération et passa. Nous courûmes à l'autre bout du train et nous enfermâmes dans les toilettes. Mathieu déclara qu'il n'ouvrirait pas la porte, même si la police devait briser la serrure à coups de pistolet. Plus prosaïquement, assise sur la cuvette, je méditais sur la dérision de la situation. J'en avais marre de jouer à l'enfant et de mystifier les adultes à leur propre jeu.

Nous arrivâmes à Paris à la nuit tombante. Un homme nous attendait au train, un livre polonais à la main. Il avait connu notre père au camp de Bergen-Belsen. Il partait le lendemain pour Londres, mais il avait retenu pour nous une place à l'asile où nous pourrions attendre nos parents. L'important était de régulariser notre situation avec la police française et d'obtenir rapidement un visa.

L'asile était une grande et vieille bâtisse du côté de la gare de Lyon, tenue par les sœurs de la Charité. Le monde, à travers les vitres, apparaissait gris, irréel.

Je croyais connaître toutes les facettes de la misère ; je ne connaissais pas la misère totale. Moi qui avais maudit le luxe de madame Rosa et méprisé le confort étriqué des Putzmann, je restais l'estomac serré devant tant de dénuement, de laideur et de saleté impossible à vaincre, car elle suintait des murs lorsqu'elle n'était pas sécrétée par les pensionnaires.

Il y avait à l'asile tous les déchets de l'humanité. Des vieux dont personne ne voulait. Des vieux cassés, fripés, l'œil définitivement éteint. Le tremblement chronique de leurs membres faisait dégouliner la soupe sur leurs mentons. Comment avaient-ils pu vieillir au-delà de la mort, au-delà de la dignité et devenir ces épaves ? Je m'accrochais de toutes mes forces au souvenir de mon grand-père, à son dos qui ne se courbait que pour secourir ou créer, à sa tête toujours haute, à ses mains fermes, adroites.

Ces vies qui finissaient au dépotoir m'épouvantaient. La mort n'était pas seulement injuste lorsqu'elle frappait, mais aussi lorsqu'elle tardait trop.

En plus des vieux, il y avait des infirmes et des impotents. Beaucoup se déplaçaient avec des béquilles — moins coûteuses que les chaises roulantes. Le bruit des pilons le long des couloirs sombres résonnait de plus en plus fort à mesure que l'invalide se rapprochait, et créait une atmosphère d'angoisse.

D'autres n'avaient plus leur tête : des clochards, des alcooliques, l'air très doux ; et puis, sans préavis, leurs yeux s'égaraient, ils devenaient des forcenés, attrapaient l'objet qu'ils avaient sous la main et le jetaient à la tête des autres. Les sœurs les grondaient comme des gosses qui auraient fait un caprice. Mais ils mettaient longtemps à se calmer ; leurs cris résonnaient dans tout l'hospice.

Nous étions les seuls enfants. Les sœurs nous avaient acceptés parce que nous n'avions pas d'autre lieu où aller. Elles tentèrent de nous préserver de l'horreur des autres pensionnaires en nous installant dans une cellule à part. Nous dormions sur des paillasses avec une couverture rugueuse qui nous grattait les jambes.

Je passais des nuits de cauchemar. Aux gémissements des pensionnaires répondaient les sirènes de la gare. Dans mon sommeil revenaient tous les dragons et sorcières de mon enfance, ricanant derrière les corps sanglants de Yann et de Stanislas ; et d'autres terreurs, plus pernicieuses parce que plus présentes : peur que la porte ne s'ouvre, que l'un des monstres abrités par l'asile ne se faufile sans bruit pour m'étrangler ou, plus prosaïquement, me regarder avec ses yeux vitreux, la bouche pleine de bave.

Les matins étaient glacials. Au réfectoire nous buvions un bol de chicorée accompagné d'un morceau de pain de maïs. Le regard des vieux sur nous était féroce : nous étions l'amorce d'une vie qu'ils avaient manquée. Mes mains se mettaient à trembler comme les leurs, mon estomac se révulsait. La seule fois où je parvins à avaler ma chicorée, je la vomis sur le pavé.

Notre première occupation fut d'entreprendre les démarches à la préfecture de police en vue d'obtenir un visa. Il y avait beaucoup d'étrangers à Paris et, pour avoir une chance d'arriver au guichet, il fallait faire la queue dès l'aube. Le lendemain de notre arrivée et tous les mois qui suivirent, nous nous sommes levés avec Mathieu à cinq heures du matin pour prendre le premier métro. Devant la préfecture, il y avait déjà foule : chacun savait que les employées étaient plus aimables en début de matinée. La queue serpentait dans les couloirs, descendait l'escalier, jusque dans la rue. Très vite, elle commençait à vivre sa propre vie.

C'était une queue d'espérance et d'humilité. Les employées de la préfecture ne s'y trompaient pas. Elles nous traitaient tous avec le même mépris. Elles entretenaient avec la queue une relation de puissance : à l'aide d'un tampon, elles pouvaient modifier le sort de chacun et, pour se concilier leurs bonnes grâces, nous devions leur sacrifier notre temps, beaucoup de temps — un petit morceau de notre vie.

La queue avait ses réactions particulières. Arrivé au bout, on brûlait d'espoir. Puis, en s'approchant du bureau, on apercevait le guichet et la terreur vous submergeait devant le destin qui avait figure humaine. Celle-ci avait beau être dotée d'une poitrine opulente et d'un maquillage outrancier, elle était sans pitié. Ce n'était pas seulement mon impression. Nous la partagions tous, et cela créait entre nous un sentiment de solidarité.

Au bout de cinq ou six heures d'attente, je me disais : « Et si notre queue devenait un cortège, comme le 3 mai à Cracovie ? Si on leur tombait dessus, aux employées, si on décoiffait leurs boucles apprêtées, si on rompait l'agréable bavardage qu'elles entretiennent entre elles pendant que nous jouons notre vie ? Si on arrachait les tampons, les stylos et si on se servait nous-mêmes ? »

Autour de moi, les gens étaient tendus mais résignés. Masse de souffrance impuissante. Alors je me soumettais à mon tour. J'offrais au guichet le même sourire, qui se voulait ensorceleur. L'employée s'en battait les flancs. Notre situation n'avait plus, comme en Suisse, le privilège de la rareté. Et mon français était inexistant. La première fois, un interprète bénévole expliqua notre cas tandis que j'essayais mon air innocent et plein de confiance. L'employée le connaissait aussi. Il la laissa indifférente. Nous n'existions pas.

Je ne sais par quel miracle nous obtînmes le visa de séjour temporaire. Je ne comprenais pas le sens des paroles qui sortaient de la bouche du destin. Que disaient-elles au juste ? Que nous avions violé l'intégrité du territoire français en y pénétrant sans visa et que nous devions être expulsés sur l'heure ?

J'avançai par l'intermédiaire de mon interprète, des arguments propres à émouvoir un cœur de pierre. Notre mère était morte dans un bombardement. Notre père se trouvait en Allemagne, libéré d'un camp de prisonniers. Il s'était battu pour la France. Il allait nous rejoindre sous peu. Oui, notre papa nous emmènerait en Amérique. Nous n'encombrerions pas la France comme d'autres apatrides et personnes déplacées. Il fallait laisser à notre papa le temps de venir nous chercher. Si nous ne le retrouvions pas, nous allions mourir de faim car nous n'avions pas d'autre famille. Tous étaient morts dans les camps de concentration.

L'employée en avait entendu d'autres. Elle était saturée de pathétique, lasse de la misère des autres. Elle n'était ni assistante sociale, ni sœur des pauvres, mais un rouage de la grande machine qui nous broyait et qui devait avaler une queue par jour.

Elle grommela. Mon interprète traduisit : « Elle dit que les gens feraient mieux de rester chez eux, que les enfants n'ont pas à courir le monde sans leurs parents, ni à entrer en France clandestinement. »

L'employée avait le tampon à la main. Elle hésitait... Sa collègue se leva pour aller se refaire une beauté. Alors, d'un geste brusque, pour que personne ne la voie, elle l'abattit sur notre passeport et me le rendit.

Mon interprète poussa un soupir. Il était aussi épuisé que moi.

Les démarches à la préfecture recommencèrent, tous les mois. Elles ponctuaient notre vie, créant une attente, une illusion de victoire. En dehors d'elles, nous restions assis dans notre cellule comme deux détenus à perpétuité. Il n'y avait rien, ni personne, ni animal, ni plante, à quoi nous puissions nous raccrocher. Nous flottions dans le vide. Parfois un souvenir surgissait, mais il s'évanouissait trop vite. Même les souvenirs ont peur du vide.

L'espoir de voir ma mère se fanait. Aucun présage ne l'alimentait. Attendre devenait la substance de notre vie. Nous attendions la cloche des repas, puis l'extinction des feux, puis la lumière grise du matin. On ne s'occupait pas de nous puisque nous étions valides. L'asile était un dépotoir de misères humaines. A peine si on avait le temps de ramasser les fleurs coupées. Il ne s'agissait pas d'en faire pousser d'autres.

Les mois passèrent, dont j'ai perdu le compte, et puis un événement extraordinaire survint. La sœur passa à la porte sa cornette blanche. J'ai pensé : « Les ailes de la cornette ressemblent à celles d'une colombe. Elles ne peuvent qu'annoncer une bonne nouvelle. »

La sœur avait un grand sourire. Elle dit : « Les enfants, vous allez nous quitter. »

Je n'ai pas compris tout de suite. Une ou deux fois par mois, un pensionnaire nous quittait pour un monde réputé meilleur. Le chapelain célébrait la messe des morts. Nous descendions à la chapelle pour nous distraire et aussi parce que l'odeur de l'encens nous grisait. Personne ne partait autrement.

J'eus peur. L'idée me vint que la sœur ne voulait plus nous garder. On avait encore soixante ans à tirer avant de mourir. La charge était trop lourde. Sans doute considérait-elle que nous pouvions nous débrouiller seuls. Mais comment, mon Dieu, comment ? Je ne savais rien faire, même pas tricoter convenablement sinon conduire une charrette et frotter les meubles. Et je ne parlais pas français. La police nous ramasserait et nous renverrait en Pologne. Nous n'aurions pas le temps de faire la queue à la préfecture, puisque nous serions des sans-adresse. Pour les policiers, seule l'adresse comptait.

Pendant que la panique me gagnait — je ne tiendrais pas la promesse faite à ma mère —, la sœur continuait de sourire, puis, elle pencha sa cornette blanche, comme une mouette se pose sur les vagues. Et derrière la cornette, il y avait ma mère. Nous restâmes muets, immobiles. Ma mère s'approcha pour nous embrasser et mon frère, le premier, sortit de sa stupeur pour se jeter dans ses bras. Lorsqu'elle lâcha Mathieu et qu'elle voulut m'embrasser à mon tour, je ne parvins ni à bouger ni à tendre les bras. Je mis très longtemps à sortir de ma rigidité.

Nous restâmes collés aux flancs de ma mère pendant plusieurs jours. Elle me demanda comment ces deux années de séparation s'étaient passées. Je répondis : « Rien de spécial. » Et c'était vrai. J'avais traversé un désert de temps, de vie et de tendresse. J'en sortais épuisée, voilà tout.

Deuxième partie

LE SOLEIL EST CLAIR À MINUIT

Une personne déplacée

Nous nous installâmes avec ma mère dans un petit hôtel rue des Écoles. Mon père nous y rejoignit peu après. Nous formions de nouveau une famille, mais il y avait dans l'histoire de chacun de longs chapitres secrets. Ils étaient incommunicables comme si les plaies s'étaient refermées, empêchant le sang de couler, comme si la communion n'était possible que dans le sang.

Il n'était pas facile de nous reconnaître dans nos rôles antérieurs. Ma mère était restée ma mère. Mais mon père ? Il m'avait trahie quand j'avais quatre ou cinq ans. Cette blessure n'était même plus un souvenir, elle faisait partie de moi, pareille à la courbure de l'arbre qui est l'arbre lui-même, après avoir été, à l'origine, lumière du soleil et force du vent. Je comprenais maintenant les raisons de cette trahison mais cela ne changeait rien à ce que j'étais devenue. Mon père demeurait un étranger, dont à treize ans je faisais la connaissance. Lui non plus ne savait pas comment s'y prendre avec moi. Il ne m'avait pas vue grandir. Je retombais dans sa vie fermée, butée, hérissée de piquants. S'il me donnait des ordres, je me braquais. Je ne lui reconnaissais aucun droit sur moi. Pour plaisanter, il m'adressait des formules de politesse raffinées : « Marina, veux-tu avoir l'obligeance de me passer le sel ? » « Te plairait-il d'aller chercher du pain ? »

Il me regardait par-dessus ses lunettes, l'air faussement modeste et suppliant. Je ne pouvais pas m'empêcher de nous trouver drôles tous les deux. Comme je ne parvenais pas à dire « Papa », il me proposa de l'appeler par son prénom. Cela me convenait mieux.

Mes parents décidèrent que nous devions reprendre une vie normale. Notre cursus scolaire n'avait pas dépassé six mois et les rudiments inculqués par mademoiselle Irène s'étaient évaporés. Nous étions, Mathieu et moi, dramatiquement incultes.

Notre vocabulaire français ne dépassait pas cinquante mots. Il fallait apprendre d'urgence la langue. Pour rattraper le temps perdu, mes parents pensèrent que le meilleur moyen consistait à nous mettre en pension. J'aurais préféré souffler un peu, reprendre vie et chaleur, mais pour demander cela à ma mère, j'aurais dû sortir devant elle ce nœud de souffrance qui m'obstruait la gorge et dont elle croyait m'avoir préservée. N'ayant pas le courage de briser l'image qu'elle avait de moi, je m'y suis laissé enfermer.

J'échouai à Bourg-la-Reine, dans une école tenue par des religieuses. Ma mère parlementa longtemps avec la mère supérieure. Elle tut pudiquement mes carences scolaires, mais ne put cacher celles de la langue. Après maintes hésitations, la mère supérieure décida de me mettre en septième, la classe précédant l'enseignement du latin.

Je fus donc amputée de trois ans d'âge, de la moitié de mon nom, trop difficile à prononcer, et de tout mon passé. Je rangeai mes souvenirs au fond de ma mémoire : le sourire moqueur de Stanislas et le trou rond au milieu de son front. Le regard bleu de Grand-père et sa mort sereine. Le sang sur la neige signant en traces écarlates le deuil de mon enfance. Je rangeai en moi le drapeau d'espoir déchiqueté à Cracovie. Lui aussi, rouge comme le sang, blanc comme la neige. Je ne pouvais pas en parler et je ne voulais pas y penser. Qu'ils restent en moi comme dans un cimetière oublié.

J'endossais un nouveau rôle : un tablier noir me battait les genoux, un sourire poli me collait aux lèvres. Je détournais la tête devant la glace pour ne pas voir ma figure de croque-mort. J'en acquis aussi les accessoires : cahiers quadrillés, porte-plume, crayons, livres, dans une serviette en moleskine que je portais précieusement serrée contre ma poitrine comme si elle pouvait me sauver de l'échec.

Mais la pièce était parlée et je n'en possédais pas le texte. J'étais condamnée à la figuration. Pendant que les stylos des autres couraient sur le papier, je sortais mes crayons et les taillais minutieusement, pour paraître occupée. Si la sœur m'adressait la parole, je me levais, je répondais à tout hasard : « Oui. » Que répondre d'autre ? Je réitérais mon « oui », trois fois oui, pour signifier mon accord total, malgré mon incompréhension.

La classe se pliait de rire. La sœur me faisait signe de me rasseoir. Je me tassais sur mon banc. J'ouvrais un livre et je regardais, hébétée, les rangées de mots qui serpentaient au travers les pages. Si étranges, si mystérieux, que les larmes me montaient aux yeux.

Un jour, pour sortir de l'inaction, je décidai de me lancer. La sœur avait écrit au tableau le sujet d'une rédaction : « Racontez une histoire de chat ».

Je sortis mon dictionnaire et bâtis le texte suivant : « Le chat chasse à la souris. La souris se cache en sa caverne. »

J'attendis avec impatience le retour des copies. La sœur lisait les deux ou trois meilleures. Elle lut la mienne. C'était, je pense, une façon de m'encourager, mais la classe ne le comprit pas ainsi. Une fille, au deuxième rang, s'exclama : « Normal qu'elle parle des cavernes. Dans son pays de sauvages, ils vivent encore à l'âge de pierre ! »

À dater de ce jour, on m'appela « la sauvage » ou « la fille des cavernes ». J'étais classée. Mon sobriquet fit le tour de l'école. Les filles me montraient du doigt : « Voilà la sauvage ! Tu es sûre que tu ne veux pas marcher à quatre pattes ? »

Au réfectoire, mon couvert disparaissait. Mes voisines pouffaient : « Fais comme chez toi ! Mange avec les doigts ! »

Un matin, on cassa une des vitres de la fenêtre de la classe avec un ballon. Pour mes camarades, la solution de facilité était de m'en accuser. Elles étaient prises, comme moi, dans l'implacable logique du jeu : si j'étais une sauvage, je ne ressentais pas les choses comme elles, il n'y avait pas d'inconvénient à me faire punir. La sœur me réprimanda devant toute la classe. Aucune des filles ne broncha et je fus incapable de me défendre. L'injustice m'atteignait trop cruellement.

La cloche sonna quatre heures. Je me faufilai entre les externes et franchis le lourd portail du couvent. J'avais l'impression, une fois de plus, de me trouver en danger de mort. À la gare, j'accostai une vieille dame. Elle était habillée sans recherche. Mais elle n'avait pas l'aspect d'une femme de devoir et de sacrifice. Je fis tout un cirque par gestes pour lui montrer que j'avais perdu mon porte-monnaie et que ma maman serait inquiète de ne pas me voir arriver.

Avec mon tablier noir j'avais l'air d'une vertu inattaquable, je ne paraissais pas métèque pour deux sous. La vieille dame jugea louable que je me soucie ainsi de ma maman et me donna la somme nécessaire pour le trajet. Attendrie, elle me tapota la joue. En regardant fuir le paysage de banlieue, dilué derrière la vitre du wagon, je me dis que dans cette cascade de mensonges, elle seule, bien que dupe, détenait la vérité.

J'arrivai à notre petit hôtel, rue des Écoles. Mes parents ne s'attendaient pas à me voir. Je ne leur donnai aucune explication, mais refusai de repartir. Ils acceptèrent de me déclarer malade pendant huit jours. Ils tentèrent de me raisonner. Je faillis céder pour ne pas leur causer de peine et repartis un matin vers Bourg-la-Reine. Mais sur le quai de gare, j'éclatai en sanglots et revins sur mes pas. Il m'était impossible de continuer à subir cette humiliation. La guerre était finie. Je ne me laisserais pas écraser pour rien.

Pendant quelques semaines, je vécus dans ma chambre, repliée sur moi-même. Nulle envie de sortir. J'avais peur du regard soupçonneux de la patronne, peur des gens dans la rue ; peur qu'ils me montrent du doigt.

Ma mère voulut m'inscrire dans un lycée,

mais aucun ne m'accepta. On était en cours d'année ; les classes étaient au complet et je ne parlais toujours pas le français.

Et puis, il y eut un coup de chance. Une jeune femme polonaise vint s'installer dans l'immeuble voisin. Elle avait une fille de mon âge qui suivait depuis un an un cours privé à l'autre bout de Paris. Ma mère se précipita pour m'y inscrire. J'étais folle de joie de trouver une camarade avec qui je pouvais parler. En outre, elle était très jolie, maîtrisait bien le français. À partir du moment où j'arrivais avec elle, personne ne songea à se moquer de moi. Je profitai du changement pour sauter deux classes : puisque de toute façon je ne comprenais rien, autant me retrouver en cinquième.

Le cours Adolphe n'avait d'autre prétention que de maintenir dans la filière scolaire des élèves qui n'avaient aucune aptitude pour les études, mais dont les parents pouvaient se permettre d'acheter l'avenir. Ce manque d'exigence facilita mon insertion.

Peu à peu, le brouillard qui enveloppait les phrases s'éclaircit. Cette découverte du langage était grisante et je m'y employais avec avidité. Je lisais mes manuels du début jusqu'à la fin, me vautrant avec délices dans l'univers des mots qui s'ouvrait enfin. J'étais comme un sourd qui se met à entendre, un aveugle qui retrouve la vue. Mais je n'avais pas encore le courage d'établir un contact avec les êtres qui m'étaient étrangers.

Mes camarades discutaient sans fin du mariage de la princesse Élisabeth. Leurs préoccupations me laissaient sans voix. N'ayant d'autre intérêt que les études, je progressais rapidement. À la fin de l'année, je participais à la classe. En quatrième, mon nom apparut au tableau d'honneur. En troisième, je fus la seule des quinze élèves à réussir mon brevet.

Mes parents ne pouvaient pas continuer à supporter le coût du cours Adolphe. Mathieu était toujours en pension et il valait mieux que j'entre au lycée pour limiter les frais. J'obtins une bourse. Je ne serais plus une charge pour la famille.

J'allai voir la directrice du cours, mademoiselle Arfice. Elle était ronde, perchée sur des talons aiguilles qui lui donnaient une démarche de funambule. Je lui annonçai ma décision de m'inscrire dans un lycée. Je vis son maquillage craqueler. Elle me dit :

« Vous êtes bien ici, n'est-ce pas, Marie ? Vous avez passé le brevet. Je suppose que c'est une question d'argent ? »

Je répondis :

« Oui, Mademoiselle.

— Si je vous proposais de rester sans payer ? »

J'étais interloquée. Le cours Adolphe était très exigeant sur la régularité du paiement de ses services. Lorsque le versement trimestriel avait quelques jours de retard, mademoiselle Arfice en rappelait l'échéance à mes parents. Puis je compris sa motivation : le cours Adolphe, pour justifier son existence, avait besoin d'élèves qui ne fussent pas de simples figurantes. Par un renversement de la situation, j'étais devenue vedette. On était prêt à me payer pour tenir mon rôle et contribuer ainsi au renom de l'institution.

J'aurais voulu quitter ce milieu. Tout y était artificiel. Mille rites, soigneusement mis au point par mademoiselle Arfice, masquaient la mollesse et le manque d'intérêt des élèves qui rendaient tout enseignement impossible. Mais si les élèves ne réussissaient pas, mademoiselle Arfice pouvait dire que ce n'était pas la faute de l'enseignement. La meilleure preuve : même une Polonaise ne parlant pas français réussissait son brevet.

Je n'en étais pas dupe, mais en même temps, j'étais lasse de naviguer. Je n'avais pas encore colmaté mes brèches. Je voulais bien jouer le jeu de l'intelligence dans un monde qui me demeurait étranger tant j'y étais devenue indifférente. Mais je ne désirais plus rien d'autre : ni le souffle du vent, ni la caresse de l'eau, ni la fureur des vagues. J'avais connu toutes les passions. Leur flamme, en me traversant, m'avait calcinée. Alors je suis restée.

À quinze ans, ayant à peu près émergé de la nébuleuse ignorance scolaire qui avait mobilisé mes forces pendant deux ans, je m'aperçus de la précarité de notre vie matérielle. Nous habitions un minuscule appartement. Dans l'escalier, les marches irrégulières donnaient l'impression de tanguer à chaque pas. L'eau était sur le palier et les W.-C. à l'étage au-dessus. On hésitait à les utiliser tellement ils empestaient.

Les économies de mon père avaient fondu. Ni lui ni ma mère ne pouvaient exercer leur métier. Mon père rédigeait des articles ou des études pour des revues d'émigrés, mais ceux-ci ne rapportaient que des revenus occasionnels. Ma mère se faisait tour à tour couturière, femme de ménage, infirmière de nuit. Elle ne rechignait devant aucune besogne et ne se plaignait jamais.

Un jour, sonnant à l'appartement où elle travaillait, j'ai entendu la voix courroucée de son patron : « Madame X, vous n'avez pas repassé ma chemise ! C'est intolérable : j'en ai besoin immédiatement. »

L'abus de pouvoir du maître sur l'esclave.

Je me rappelai le camp de concentration près de Cracovie et ses victimes muettes.

« Attention, situation déjà vécue ! Réagir ! »

Je n'eus pas le courage de supporter le silence de ma mère. Le silence, c'est la solitude absolue, la détresse des planètes mortes au milieu d'une immensité glacée. Je m'enfuis, le cœur bloqué, la gorge sèche.

Par chance, ma mère trouva un emploi plus

régulier dans la fabrication de fleurs artificielles. C'était très mal payé, mais elle pouvait travailler à la maison et nous l'aidions dans la mesure du temps dont nous disposions. Les fleurs étaient destinées aux cimetières. Les roses étaient épaisses, en plastique d'un rose criard. Leur montage était délicat parce que les pétales et les feuilles s'emboîtaient les uns dans les autres. On ne pouvait les assembler en pensant à autre chose. Cette astreinte du regard à la fleur m'a rendu pour toujours leur contact difficile.

Les tulipes étaient violettes. Leurs pétales étaient plus faciles à ajuster et il n'y avait qu'une feuille. Mais quelle tristesse ! On était rebuté par leur raideur. Elles incarnaient un souvenir qui se voulait éternel puisque imputrescible, mais dont les couleurs avaient perdu leur fraîcheur, leur parfum, ne laissant qu'une forme vide, à l'image des pauvres disparus.

Avant de garnir les tombes, les fleurs mortuaires encombraient notre vie, il fallait en débarrasser la table pour manger ou faire ses devoirs, les déposer au pied du lit pour dormir. Elles complétèrent ma vision de la mort par l'image dérisoire d'un bazar de pacotille. Après l'avoir frôlée pour nous, subie pour nos proches dans son mystère et son déchirement, nous nous rangions aux côtés des marchands du temple qui la déguisaient aux yeux des autres.

Les fleurs contribuèrent certainement à me séparer davantage des camarades de mon âge. Je savais qu'elles les regarderaient avec le même mépris que mes vêtements achetés au marché aux Puces. J'avais beau me tenir droite, mes robes anachroniques flottaient sur moi comme le drapeau de la misère.

Une seule fois, une camarade m'a demandé à venir chez moi parce qu'elle avait perdu sa clef. J'ai eu peur de la faire monter, qu'elle découvre nos W.-C. dans l'escalier, la table branlante, couverte de fleurs artificielles. Mais mon atavisme polonais ne me laissait pas le choix. Mentir pour m'en débarrasser aurait été manquer de courage et refuser l'hospitalité, me soustraire à un devoir sacré. Elle vint donc, et constata notre pauvreté. J'eus honte devant sa mine effarée. Nous ne nous sommes plus jamais adressé la parole.

Mes tentatives pour rompre ma solitude se soldaient invariablement par des échecs. À la suggestion de mon père, qui avait été l'un des initiateurs du scoutisme dans la Pologne d'avant-guerre, je fis un bref passage chez les guides. Les fausses aventures brevetées d'un badge cousu sur la chemise me parurent d'une dérision suprême. À titre de « bonne action », on me demanda de tricoter un gant de toilette pour les pauvres. Les pauvres, je connaissais. J'en étais une. Je doutais qu'ils eussent besoin d'un gant de toilette. Et le tricot me donnait la nausée. Il me rappelait trop le grand passage à vide que j'avais traversé en Suisse.

Je fis valoir à ma cheftaine que je ne savais pas tricoter. Elle répondit gentiment : « Fais-le tricoter par ta bonne. »

Je préférai déserter.

J'aurais pu, en prenant de l'âge, me passionner pour le flirt, l'amour, les idées... Mais, chaque fois, l'expérience que j'avais vécue formait, entre les autres et moi, une barrière infranchissable.

À dix-sept ans, je fus invitée à un bal par une vieille dame qui s'était prise d'affection pour ma mère et qui appréciait mes performances scolaires. Ce fut une grande émotion. Dans mon univers gris, cette entrée dans le monde prenait l'allure d'un conte de fées, où j'aurais figuré Cendrillon.

Mon père m'enseigna le pas de valse. Ma mère dénicha aux Puces une robe de tulle blanc qu'elle raccommoda et blanchit amoureusement. Nous passâmes des heures à chercher un bouquet de petites roses artificielles qui viendraient s'épingler au creux du décolleté. À l'aide d'un fer, ma mère transforma mes longs cheveux en anglaises, attachées d'un ruban rose au sommet du crâne. Je n'eus pas droit au maquillage, contraire aux principes de mes parents qui exaltaient la fraîcheur et le naturel. Au demeurant, côté séduction, mon ignorance était totale. Dans la petite glace du cabinet de toilette, j'étais aussi romantique qu'un tableau de Winterhalter.

J'avais cru mon triomphe assuré. À mon arrivée au bal, la vieille dame me déclara ravissante — je lui rappelais sa jeunesse —, elle fut la seule. Les autres filles portaient des robes à la mode, des cheveux courts, des coiffures lisses. Prise dans le tourbillon de la guerre, accablée par la misère, ma mère n'avait pas pris la mesure du changement intervenu depuis sa jeunesse : la mode inspirée par la Cour de Vienne avait disparu depuis longtemps, le be-bop avait succédé à la valse.

La petite-fille de la vieille dame me regarda d'un air railleur : « Grand-mère t'a dit que c'était un bal costumé ? »

Seule dans mon coin, à demi cachée par une plante verte, j'étais déplacée dans l'espace et décalée dans le temps, bonne à jeter avec les autres détritus de l'Histoire.

Tandis que je cuvais ma honte en regardant les garçons et les filles danser, un étudiant en médecine, sans doute envoyé par la vieille dame, s'approcha de moi.

« Vous êtes polonaise, il paraît. Un pays où il y a de très belles chasses.

— Oui, lui dis-je, cela fait plusieurs années que je n'y suis pas retournée. Mon père préfère le climat de la France. Mais dans mon enfance, j'ai participé à de très belles chasses à l'ours dans les Carpates. Je suivais les chasseurs dans un traîneau. Ils devaient marcher des heures dans la neige avant de débusquer l'animal. Une fois, un ours blessé, furieux, m'a chargée. L'un de mes amis, Stanislas, l'a abattu d'un coup de carabine en plein front. »

L'étudiant en médecine ne parut pas très convaincu. Avait-il diagnostiqué un cas de mythomanie ? Je me cachai à nouveau derrière la plante verte, épuisée par l'effort que je venais de fournir pour m'insérer, sans succès, dans une société dont l'histoire, les préoccupations, les phantasmes n'avaient rien de commun avec les miens. Le prix d'entrée était celui du mensonge et, hormis le bluff auquel je venais de me livrer, je n'étais pas prête à le payer.

L'échec de ma vie sociale m'orienta un peu plus vers la vie intellectuelle. La générosité et le courage — vertus de mon enfance — étaient incarnées, dans ces années d'après-guerre, par la gauche. Les journaux exaltaient le socialisme soviétique, l'avenir de l'homme. Un jour, j'eus l'imprudence de dire à un garçon engagé dans l'action militante que, concrètement, je ne voyais pas la différence entre le totalitarisme d'Hitler et celui de Staline, entre les camps soviétiques et les camps nazis.

Le jeune homme me foudroya du regard. Les camps soviétiques étaient pour lui, comme pour tous les intellectuels de gauche, une invention de la propagande d'extrême droite. Même s'il n'avait pas directement souffert de l'occupation allemande, elle avait marqué sa mémoire. Il était prêt à condamner le nazisme — pas le communisme, qui n'était pour lui qu'une abstraction. Il m'apporta le *Manifeste du parti communiste* de Karl Marx et *L'État et la Révolution* de Lénine. Je les lus avec l'espoir fervent de comprendre et de réconcilier les souvenirs tragiques que m'avait laissés l'armée Rouge et cette incarnation de progrès et de justice sociale que représentait l'idée du communisme en France.

Je me laissai séduire par la dialectique. Le marxisme m'apparut intellectuellement plein de charme, mais au fond de moi, je n'adhérais pas à son message. L'intellectuel de gauche, constatant ma bonne volonté — je lui avais rendu compte de mes lectures — m'invita à dîner. C'était la première fois qu'un garçon me manifestait de l'intérêt et, bien qu'il fût à l'évidence plus touché par ma capacité d'ingurgiter Marx et Lénine que par mon charme, j'en étais très émue.

Il m'emmena dans un bistrot du Quartier latin. À table, il me dit :

« Tu as faim ? »

Et je lui répondis, oubliant que les mots n'avaient pas pour nous le même sens :

« Non, maintenant, je n'ai plus faim. Je mange normalement tous les jours. »

À sa mine consternée, je compris l'incongruité de ma réponse et pressentis l'étendue du désastre. Le précipice s'ouvrait sous mes pieds

— toutes ces années d'angoisse, de violence et de dénuement étaient impossibles à traduire en phrases, sous peine de les trahir. Pour autrui, elles ne représentaient que des mots.

Nous discutâmes du matérialisme historique en prenant soin de ne pas effleurer l'histoire récente, celle qui pouvait, d'une façon ou d'une autre, le mettre en cause.

Mon adolescence s'écoula ainsi, entre l'austérité du travail scolaire et la dureté de la vie matérielle. Mes parents ne m'étaient pas d'un grand secours. Le pacte du silence permettait à chacun de vivre avec ses blessures sans trop les raviver. Leur vie était derrière eux, avec ses drames, mais aussi avec la force qu'ils en avaient tirée. J'avais à construire la mienne, dans un monde nouveau auquel ils n'avaient pas accès.

Aucune passion n'illumina mes années de jeunesse, aucune amitié ne vint les réchauffer. J'étais différente et, tel le vilain petit canard, je n'intéressais personne.

Je rompis avec Dieu. Il ne pouvait être, à la fois, miséricordieux et tout-puissant. Il incarnait l'espoir auquel s'accrochaient les hommes pour survivre. Un mirage qui répondait à leurs besoins. Je me sentais déliée de toute promesse à son égard, puisqu'il n'existait pas. Seuls les livres me préservaient de l'autisme. Je multipliais les lectures. J'essayais d'y trouver un sens à la vie, sens qui m'échappait. Les mots seuls ne me nourrissaient pas.

Je me réfugiai dans l'indifférence, qui protège de la souffrance en anesthésiant le cœur mais vide en même temps la vie de sa substance. Ma fidélité aux morts m'interdisait l'approche des vivants... Ou était-ce le contraire ? Ma difficulté à établir un contact avec les vivants me repoussait-elle vers les morts ?

Après avoir obtenu la première partie du baccalauréat, je crus ma peine terminée. Le diplôme donnerait une consécration sociale à mon indépendance. J'allai m'inscrire en classe de philosophie dans un lycée. La directrice me toisa un moment et prononça une seule phrase : « Mademoiselle, je ne discute pas avec les élèves. Dites à vos parents de venir me voir. »

Elle était habillée de noir ; elle avait un visage plat, des yeux en boutons de bottines sans l'ombre d'un cil. J'étais remise dans le rang avant d'avoir ouvert la bouche. La vie n'était qu'un grand Jeu de l'Oie. On revenait toujours à la case Départ.

Nous nous regardâmes en silence. Son visage était muré de bonne conscience. Je ne devinai aucune trace d'intérêt pour ce qui n'était pas l'application stricte de la règle. Je ne me sentais pas de taille à lutter.

J'étais devant elle, comme jadis devant madame Rosa ou Schwester Hedwige, raide, fermée, à moitié morte. Tel le ver devant le corbeau, qui sait, dans sa cervelle de ver, que le corbeau ne doutera jamais de son droit de le manger.

Ma mère vint m'inscrire et signer le règlement. Il y était écrit : « Les élèves doivent obéissance et respect aux professeurs et maîtresses et sont tenues de les saluer. Elles doivent circuler une à une, à leur droite et en silence. »

Pendant un an, couverte d'une housse en forme de tablier, j'ai caché ma colère en jouant le rôle d'élève modèle.

Voyage au-delà de l'exil

J'AI quitté le lycée avec soulagement. La comédie était terminée. Je ne savais que faire du temps qui m'était rendu. J'avais connu le temps déchiré, le temps fou, emballé, déréglé, qui court à côté de la vie. J'avais connu le temps sans tendresse, sans espoir, vide de tout ou, à l'inverse, saturé de travail. Je me trouvais maintenant devant un temps paisible et régulier. Il suffisait d'en tisser la trame chaque jour pour construire ma vie, mais j'ignorais quelle forme lui donner. Je n'avais pas envie d'occuper ma place dans ce monde, à la manière dont les militaires occupent un terrain, par principe.

Incapable de me situer dans le présent, je résolus de me projeter dans l'avenir et de fuir vers d'autres cieux. Mon idée première était d'aller plus loin que l'exil, de choisir librement un dénuement plus grand encore. Je ne pourrais me libérer de mes malheurs qu'en les dépassant. En me dépassant moi-même.

Je choisis l'Afrique, le continent le plus

austère, le plus soumis aux lois de la nature, le moins marqué par l'homme. Au fond du cœur, j'avais gardé le souvenir des voyages imaginaires dans le sous-marin de Grand-père. À l'approche de la côte d'Afrique, nous jouions à qui serait le premier à l'apercevoir. Le rite consistait à découvrir la côte le plus lentement possible, pour faire durer le plaisir.

« Nous arrivons bientôt, annonçait Grand-père, remontons à la surface.

— Je vois une forme noire, disais-je.

— C'est une baleine.

— Non, c'est une île.

— Les mouettes volent, la terre est proche.

— Elles planent comme à l'accoutumée, mais j'aperçois une ligne noire à l'horizon. »

C'était la terre d'Afrique. J'explosais de joie. Nous débarquions sur une plage de sable blanc, ombragée de cocotiers. Le tam-tam signalait notre arrivée. C'était la fête. J'avais une folle envie de fête...

J'entamai des études d'économie et fis le tour des organismes auxquels je pouvais offrir mes services. Le résultat fut maigre : seule une banque me proposa un stage de quelques mois à son siège parisien, et je sautai sur l'occasion car il s'agissait d'une banque travaillant en Afrique.

Je partageais le bureau de monsieur Dulot et de madame Lapic. Le premier m'accueillit avec résignation : « Je n'aime pas beaucoup travailler avec des femmes, dit-il, mais enfin, c'est toujours mieux qu'avec des nègres. »

Monsieur Dulot était chargé de mission — je ne sus jamais laquelle — et madame Lapic tenait le poste de rédactrice-comptable. Je m'occupais du classement et rédigeais en plus des petites notes que mon chef mettait au panier, des lettres qui, corrigées par l'une, puis par l'autre, montaient chez le directeur.

Ce dernier était un personnage redoutable. Quand il appelait monsieur Dulot, celui-ci restait bouche ouverte, en écoutant la voix du téléphone, puis la fermait enfin, en émettant toujours la même phrase :

« Entendu, Monsieur le Directeur, nous allons immédiatement faire le nécessaire. »

Il posait le récepteur et se tournait vers moi :

« Vite ! Cherchez le dossier des cimenteries de Côte-d'Ivoire. »

J'ouvrais les casiers, sortais les dossiers et les feuilletais en tous sens. La tension montait... Pendant que je recherchais avec angoisse la lettre P1 4367 du 28 juin, monsieur Dulot taillait son crayon.

Je me demande comment ces correspondances avec l'Afrique ne me dissuadèrent pas de vouloir la connaître. Ce fut le contraire. La contemplation de sa face morte, embaumée et travestie par la bureaucratie, attisa en moi le désir de découvrir l'autre, la vivante. Munie de la recommandation d'un professeur, je suivis en cascade toute une filière de contacts.

Telle une boule de billard, j'aboutis un jour, par ricochet, dans une compagnie de navigation qui m'accorda une place sur un cargo bananier en partance pour Conakry. À cette nouvelle, je fus bouleversée. Je ne trouvai rien à dire. La parole ne montait plus à mes lèvres ; elle se trouvait quelque part du côté de mes semelles. J'eus la certitude que la vie s'ouvrait.

J'annonçai mon départ à mes parents. Ils n'avaient pas accordé beaucoup de réalité à mon projet. Ils étaient à la fois contents et inquiets.

Je fis mes adieux à monsieur Dulot et madame Lapic.

« Je m'étonne que vos parents vous laissent partir, dit madame Lapic. Vous allez vous faire violer par les nègres et vous ne pourrez pas vous défendre ; ils sont musulmans et considèrent les femmes comme des êtres inférieurs.

— C'est en y envoyant des gens comme vous, qu'on perd, peu à peu, l'Afrique, ajouta monsieur Dulot. Ils propagent des idées subversives qui ne tiennent pas debout. »

Il avait deviné en moi une dangereuse révolutionnaire...

Je m'embarquai au Havre le cœur léger. J'étais la seule passagère du cargo. Je dînais à la table du commandant, qui ressemblait à mon grand-père ; il avait les mêmes cheveux argentés, taillés en brosse, et il regardait la mer d'un œil fraternel. Il racontait ses voyages, mais ne se racontait pas lui-même. Il ne me posa aucune question. Nous sommes devenus amis sans rien savoir l'un de l'autre, sans jeter l'ancre, et c'était bien ainsi.

Notre cargo accosta dans le port de Conakry à trois heures du matin. La nuit était si noire que les douaniers guinéens, montés à bord du bateau, m'ont d'abord paru blancs. Le jour qui se levait leur restitua peu à peu leur couleur. La ville émergea, mouvante et bariolée dans sa robe de poussière rouge.

Je fis le tour des bureaux. Je ne demandais pas un salaire d'expatriée. Je bénéficiais des recommandations de personnes honorables, attestant que je préparais une thèse pour l'université. Sans doute étais-je apatride et mes origines inquiétaient, mais mon visa, accordé après enquête, était en règle. J'étais trop jeune pour être une espionne et, l'aurais-je été, il fallait vraiment se creuser la tête pour inventer ce que j'aurais pu espionner, en pleine brousse, du côté du Fouta-Djalon.

Toutes ces raisons, et une bonne dose de persévérance, déterminèrent mon sort. Je fus engagée, en qualité de chef d'équipe, pour mener une enquête socio-économique dans la région du fleuve Konkouré. Toute cette région devait être submergée à la suite de la construction d'un barrage. J'avais beau être sensible au mirage du développement, la perspective que l'on puisse anéantir un monde pour en créer un autre rencontrait en moi des résonances étranges.

C'était une drôle d'époque, 1958, en Afrique. Je ne m'intéressais pas à la politique, mais je reconnaissais, pour l'avoir déjà vécue, cette atmosphère de rupture, où l'ordre nouveau émerge, peu à peu, au détriment de l'ordre ancien.

Les derniers commandants de cercle administraient leur territoire avec dévouement et sagesse. Ils étaient sincèrement attachés à cette terre et aux hommes qui y vivaient. Ils essayaient d'apaiser les querelles entre les Peuls et les Soussous, d'empêcher qu'un vol de bœufs ou un champ de maïs piétiné par le troupeau ne dégénèrent en guerre ethnique. Ils faisaient de leur mieux pour rendre la justice et maintenir l'ordre public, entretenir les pistes pour l'évacuation des récoltes et bâtir des écoles et des dispensaires.

Mais il y avait aussi les « petits Blancs » qui guettaient tout nouvel arrivant. « Vous débarquez pleine d'illusions. Dans quelques semaines, vous les perdrez. Comme nous. »

Le « colonialisme » était le mot clé du moment. On se jetait le grand mot à la figure comme une maladie honteuse. Entre les justes qui se croyaient colonialistes et les colonialistes qui se croyaient justes, comment s'y retrouver ?

Vus du camp retranché des Blancs, les Africains étaient sales, incapables, menteurs et voleurs. Jamais ils ne sauraient se gouverner. Et pourtant, il suffisait d'entrer dans le monde des Africains pour découvrir que ces derniers étaient dignes et généreux en dépit de leur pauvreté. Accablés de travail en saison de culture, condamnés à l'oisiveté en période sèche, ils étaient déchirés entre les valeurs traditionnelles d'une société paysanne vivant en autarcie et les mirages d'une civilisation occidentale.

Parmi les petits Blancs, les militaires étaient les pires. Mon opinion n'est pas neutre. Un homme armé évoque toujours pour moi le soldat russe qui tirait sur la foule, le S.S. qui donnait des coups de pied dans le ventre de ma mère, étendue dans la neige. Mais il n'est pas moins vrai que les conversations, dans le petit restaurant de Kindia, auquel seuls les Blancs avaient accès donnaient froid dans le dos.

Lorsque les Soussous et les Peuls s'entretuèrent à Conakry — il y eut, en mai 1958, vingt-cinq morts en une seule nuit —, j'entendis le sergent Perrutti fulminer au bar :

« Merde de merde ! On n'a pas de chance ! Les copains se régalent à Conakry, pendant qu'on se crève en brousse. Ces cochons de nègres ! Ah, les copains devraient leur taper dessus ! »

Du jour au lendemain, je me trouvai à la tête de quatre enquêteurs guinéens et d'une Land Rover gris éléphant. Elle n'avait plus de portières et le toit de la cabine était tout cabossé. Je bénéficiais également d'un salaire mensuel de vingt mille francs C.F.A. qui me permettrait de subsister en brousse.

J'entassai, sous la bâche, mes troupes et leurs baluchons et pris le volant d'un air assuré. Mon permis de conduire datait seulement d'un mois.

Nous arrivâmes à la nuit tombante dans le village peul qui devait servir de point de départ à notre enquête. Madina-Dian se trouvait à une centaine de kilomètres de Kindia. On y accédait par une piste difficile. Les Blancs n'y mettaient jamais les pieds.

Le chef nous accueillit avec bienveillance et mit l'une des cases à ma disposition. Elle était ronde, crépie à la bouse de vache, avec un toit en jupons de chaume et une véranda. Une lampe-tempête éclairait d'une flamme incertaine les greniers à riz contre les murs et les épis de maïs qui pendaient du plafond. Une dizaine de personnes s'entassaient, allongées ou accroupies sur des peaux de chèvres, et me fixaient avec intérêt. J'essayai de leur parler, mais personne ne comprenait le français. Je me retrouvais une fois de plus étrangère. Mais cette fois, je l'avais voulu.

Au bout d'un moment de contemplation

réciproque, les occupants de la case se mirent à parler, à gesticuler et à rire. Les femmes m'invitèrent avec complaisance sur le grand lit en banco, construit, me semblait-il, pour un ménage polygame. Je crus qu'on allait tous dormir en tas et, pour gagner du temps, je fis une distribution de biscuits, suivie d'une toilette minutieuse qui les amusa beaucoup. Dix paires d'yeux suivaient les mouvements de ma brosse à dents. Vers minuit, j'avais atteint le maximum de propreté. Résignée, je m'assis sur une natte. Et l'extraordinaire arriva. Ils partirent un à un, me touchant le bras au passage, comparant la couleur et le grain de leur peau aux miens, me souhaitant bonne nuit.

Je n'eus pas le temps de me sentir soulagée. Les araignées-crabes sortirent de leurs trous, énormes, juteuses, me narguant derrière les cuvettes émaillées qui, disposées en pyramides, garnissaient le fond de la case. Cette collection de bassines devait procurer à son propriétaire le même sentiment de fierté qu'un service de porcelaine à un bourgeois européen mais elle rendait impossible toute lutte efficace contre les scorpions et les araignées, en leur permettant de jouer à cache-cache en toute impunité.

Je restai impuissante, au milieu de la case, ma sandale à la main. Enfin, pour ne plus voir les insectes, j'éteignis la lampe-tempête et me couchai sur le lit. La moiteur de la pièce, l'odeur des peaux de chèvres et celle de la fumée me donnaient la nausée. Mais le cauchemar ne s'arrêta pas là. Dans le noir, le grenier commença à remuer. Les souris et les rats faisaient tomber la poussière du plafond. Ils descendaient sur les bassines avec un bruit de tam-tam.

La nuit durant, j'entendis le tintement de ces ustensiles maudits et inutiles, la respiration des rats, le grignotement de leurs mâchoires. Je m'attendais à ce qu'ils montent sur le lit. Je n'eus droit qu'à une invasion de fourmis sur mon oreiller. Je les écrasai, au fur et à mesure, en m'éclairant de ma lampe de poche.

Ce fut la seule nuit que je passai dans une case peule. En attendant que la saison des pluies m'oblige à trouver un toit, je dormis à la belle étoile, le croissant de lune accroché à une branche au-dessus de mon lit. Parfois, un nuage cachait la lune, et les ombres argentées des arbres se confondaient dans l'obscurité. Contre la palissade du « hoggo * », les pieds de manioc s'agitaient d'une façon menaçante et le cri lointain des hyènes me transperçait de peur. Patte Noire, agneau promis au sacrifice de la Tabaski, me réveillait avec le premier rayon du jour, en broutant mes cheveux. Mais tout valait mieux que les rats.

Ma réputation de témérité gagna rapidement les villages voisins. Les Foulbés avaient peur de la nuit. Pour eux, dès le coucher du soleil, des

* Enclos.

sorciers se changeaient en panthères, rôdaient autour des hameaux et attaquaient les hommes. Ma peur, déguisée en courage, m'apporta d'emblée la considération de tous.

J'entrepris l'enquête avec ferveur. Je sillonnais la région, explorais les villages, les champs et les pâturages, traversant à gué rivières et marigots. Les enquêteurs remplissaient des questionnaires innombrables, qui, stockés dans ma case, étaient aussitôt attaqués par les termites... Ils mesuraient les parcelles, inventoriaient les habitations, interrogeaient les gens sur leur mode de culture, leurs récoltes, leurs revenus, renseignements que les paysans leurs fournissaient de bonne grâce. Ce travail intensif les épuisait et ils venaient, l'un après l'autre, m'exposer leur cas : « Mademoiselle, je souffre trop. Il faut me laisser me reposer un peu. »

Je prenais un air sévère pour leur dire que le succès de l'enquête dépendait d'eux. Il n'était pas question de négliger une seule information.

Je partageais équitablement mon temps entre les Peuls et les Soussous, dont les villages alternaient dans la région. Bien que les premiers fussent sédentarisés depuis longtemps, ils gardaient la nostalgie de leur origine nomade, continuaient à élever des troupeaux de vaches n'dama et se refusaient à cultiver les bas-fonds, affirmant que seuls les « Noirs » pouvaient accepter de travailler les pieds dans l'eau. J'avais un faible à l'égard des Peuls. Mon itinéraire était l'inverse du leur : j'étais une sédentaire devenue nomade. Nous nous retrouvions dans la parenté des hommes sans racines sachant mieux que d'autres qu'ils sont de passage sur cette terre, où aucun mur ne protège leur liberté, et où aucun bien ne permet d'affermir leur assurance.

Par-dessus tout, j'admirais Alfa Lao, le chef de Madina-Dian, grand et sec, le corps décharné mais droit, majestueusement drapé dans son boubou. Il ne courbait jamais la tête. Ses yeux étaient ceux d'un chat-tigre et tous les villageois baissaient le regard devant lui, en signe de respect.

Alfa Lao parlait français. Sa seule concession au monde des Blancs. Pour le reste, il incarnait les valeurs anciennes : l'honneur, le culte des ancêtres, la solidarité et la prévoyance. Nos relations, très réservées au début, se délièrent. Il constata que je n'essayais pas de perturber l'ordre du village avec des idées de Blanc et que je ne me comportais pas, non plus, comme une femme. « Tu es plus courageuse qu'un homme, m'avait-il dit, tu n'as pas peur de la nuit, ni des bêtes sauvages. » Et il me considéra digne de devenir son amie.

Alfa Lao voyait avec inquiétude les jeunes abandonner le village et le travail des champs pour courir à Kindia ou à Conakry récolter les miettes des riches, préférer la misère avilissante des bidonvilles à la pauvreté de la brousse qui conservait sa dignité, liée à la nature et au rythme des saisons.

Il se plaignait des femmes dont la dot* coûtait de plus en plus cher et dont les exigences en vêtements ne cessaient de croître. Elles boudaient les pagnes teints à l'indigo pour leur préférer des tissus « wax » imprimés en Hollande, à la dernière mode. Le R.D.A. ** leur mettait dans la tête qu'elles étaient les égales des hommes, qu'elles pouvaient se comporter comme eux.

« J'en ai vu à Kindia qui se promenaient en pantalon et en bottes, comme des militaires. J'ai failli me rouler par terre tellement j'ai ri », disait Alfa Lao.

Il était inquiet de l'évolution politique et de l'emprise croissante du R.D.A., dominé par les Soussous.

« Rien ne marche depuis que les Africains gouvernent. Ils m'ont demandé cinquante mille francs pour me faire élire. Je n'ai pas marché. Mais les Foulbés sont venus me voir et ils m'ont dit : " Tu es le fils de notre chef et tu es juste ; nous ne voulons pas d'autre chef. " Alors j'ai posé ma candidature et j'ai été élu. Nous ne sommes que deux anciens chefs à avoir gardé nos fonctions dans le canton. Beaucoup ont

* Dans les sociétés africaines, la dot est payée par le mari aux parents de la fiancée.

** Rassemblement démocratique africain.

payé. Le R.D.A. promettait à chacun de le faire élire. C'est comme ça qu'ils remplissent leurs caisses. Ils jouent le jeu des Blancs, mais ils trichent. Ils ne valent rien, ces Africains. »

En dépit d'une légère réticence d'Alfa Lao, je fréquentais aussi les Soussous, et, en particulier, ceux du village voisin de Songoronya. C'était un autre monde. Le chef du lieu était Camara Aboubacar, adjudant en chef de l'armée française, président de la section locale du R.D.A. Son pouvoir était d'une autre nature que celui d'Alfa Lao, il était assis sur des valeurs nouvelles : la pension mensuelle de vingt-deux mille francs C.F.A. versée par l'administration française et l'autorité politique du parti.

Grâce à sa pension, Camara Aboubacar avait érigé une bâtisse rectangulaire, au toit de tôle, qui évoquait davantage la maison des Blancs que la case des ancêtres. Il m'invitait généreusement dans sa demeure, meublée d'un lit à baldaquin, repaire de punaises, et d'une grande glace, objet unique à cent kilomètres à la ronde, où se miraient les araignées-crabes.

Je maudissais les lois de l'hospitalité qui m'obligeaient à accepter l'invitation. En saison sèche, le toit de tôle était chauffé à blanc. En hivernage, la pluie provoquait un bruit de tambour, difficilement supportable. Je soupçonnais Camara Aboubacar de profiter de mes visites pour fuir ce lieu d'apparat et de désagrément et s'installer dans les petites cases traditionnelles de ses épouses.

Les repas étaient pris dans la cour. Les femmes sortaient un fauteuil en bois, façon de Blanc, et Camara Aboubacar s'y asseyait au milieu de ses admirateurs. Ses quatre femmes apportaient quatre plats de riz. Les doigts de Camara Aboubacar et de ses amis formaient une boule ronde et lisse qui était trempée dans la sauce piquante avant d'être portée à la bouche en un geste rapide et élégant. Bien que femme, j'étais invitée au festin. Le caractère blanc primait celui du sexe et les coépouses rivalisaient entre elles pour m'offrir bouillie de maïs, gâteau de manioc, « fonio » au poisson sec, sauterelles grillées, sauce d'arachides, sauce au « soumbara » et au gombo. Je goûtais courageusement à tous les plats. Ma main inexperte dégoulinait de sauce, mais je ne manquais pas de manifester bruyamment mon approbation. À distance respectueuse des hommes, elles pouffaient de rire et de fierté : un Blanc mangeait leur nourriture, une femme partageait le repas des hommes.

Après le dîner, pendant que les enfants et leurs mères liquidaient les restes, accroupis près du feu, Aboubacar et ses amis, rassasiés, discutaient les problèmes du jour. J'écoutais leurs conversations paisibles aux sons rauques. Je regardais les gestes lents qui ponctuaient leurs phrases. Parfois, une lanterne s'approchait, oscillante. Un corps surgissait de la nuit, qui n'était que mouvement, ondulation de la marche. Il déchirait à peine l'obscurité.

Le matin, Camara Aboubacar venait partager mon Nescafé. Il avait ramené de France une étonnante collection de robes de chambre : rose, jaune et violet, ou à grandes fleurs, couleur fuchsia avec des oiseaux cachés entre les ramages. Chaque nuit, il dormait avec une autre de ses femmes et chaque matin, il apparaissait dans une autre de ses robes de chambre, comme un dieu des temps modernes émergeant de la nuit africaine.

Pendant que ses épouses s'affairaient dans l'enclos, l'adjudant-président el Hadj Aboubacar me contait ses heures de gloire, dix-neuf ans de service, campagne d'Allemagne, campagne d'Indochine, voyage à La Mecque, entrée au R.D.A.

Il ne partageait avec Alfa Lao qu'un seul jugement : le mépris de ses concitoyens subjugués par l'argent. « Je peux tout acheter avec l'argent de ma pension. Même les vieux sont obligés de me respecter, parce que j'ai fait le pèlerinage à La Mecque qu'ils ne peuvent pas se payer. »

Aboubacar avait glané dans ses périples des idées nouvelles et, tel Pierre le Grand, il tentait de les appliquer à Songoronya pour « civiliser » ses administrés. Côté mœurs, cela donnait des mélanges étranges et savoureux.

« Les hommes sont pauvres ici, disait-il. Ils ne peuvent pas payer aux femmes des pagnes et des camisoles. Un type s'amène ; il offre un pagne à la femme et elle ne veut plus rester avec son mari. Il y a aussi ceux qui ne peuvent pas travailler la nuit. Faire des secousses. Ils sont malades, quoi. En France, vous n'avez pas cette maladie-là. Ici, souvent, les hommes ne peuvent pas coucher avec les femmes. Alors, la femme vient me voir et dit : " Je ne veux pas rester avec lui, il est comme une femme. " Parfois, le mari paie un jeune homme pour venir habiter chez lui et coucher avec sa femme. Il ne veut pas que la femme parte, parce qu'il a des enfants et personne pour travailler aux champs et préparer les repas. Mais ça coûte cher. Il ne peut pas le garder tout le temps, alors la femme demande le divorce...

» Je n'aime pas donner le divorce. Ici, ils ne sont pas très civilisés. Quand ils divorcent, les hommes exigent qu'on leur rembourse la dot. Moi, je refuse parce que ce n'est pas juste. J'ai voyagé. J'ai connu Hitler. J'ai connu de Gaulle. J'ai vécu en France et je sais qu'à Paris une femme vaut huit cents à cinq mille francs la nuit. Alors, quand on en paie une ici quinze mille francs C.F.A. et qu'on vit cinq ou six ans avec elle, ce n'est vraiment pas cher...

» Je dis au mari : " Si elle te rembourse la dot, il faudra que tu la paies pour toutes les nuits que tu as passées avec elle. Et puis, les enfants, elle te les laisse, non ? Alors, qui est-ce qui gagne dans cette affaire ? " »

Camara Aboubacar arrêtait là son discours, fier de son esprit moderne et de sa dialectique imparable. Ses yeux se posaient sur une jeune femme qui, vêtue d'un pagne bleu indigo, s'activait depuis l'aube, épluchant et séchant le « néré », pilant le paddy.

« Heureux l'homme qui possède un trésor pareil. Avec une épouse aussi travailleuse, il pourra bientôt s'acheter deux autres femmes. »

Initiation africaine

DEUX ou trois mois après m'être installée à Madina-Dian, je tentai de tracer un premier bilan de ma vie africaine.

Positif : Le départ à huit heures. La fraîcheur du matin. Le corps gracile des enfants qui s'éclaboussent dans le marigot. Les gouttes d'eau qui dansent sur la peau nue. Les oiseaux bleus. Je saute d'une pierre à l'autre avec dans la tête ce poème de Rimbaud : « Je m'en allais, les poings dans mes poches crevées... » Je suis libre de tout. Libre de ce que je n'ai pas.

Négatif : Le retour à midi. Mon corps est délimité dans l'espace par la sueur et la poussière. Le marigot qu'il faut passer en enlevant les chaussures. Le geste pénible de se baisser. La vipère d'eau qui s'enfuit.

Peur des caïmans. D'après les enquêteurs, le risque est faible. Le village leur fait les sacrifices nécessaires. Mais suis-je couverte par l'assurance ? Chaque pas devient un acte de volonté.

L'existence se réduit à la résistance au milieu ambiant.

Positif : Le sentiment d'être plus forte que le milieu ambiant. La vie ne peut s'affirmer que par la domination de l'esprit sur la matière, et d'abord sur sa propre carcasse.

Négatif : Le départ à trois heures, plus pénible encore. La côte à monter avant Yanguissa. Peur de marcher sur un serpent. Bruits menaçants dans les buissons. Crainte absurde d'être rattrapée par les ombres, emprisonnée.

Positif : Le retour à la tombée de la nuit. Les étoiles, la lune, le chant des cigales. Sérénité et silence. Les enfants qui descendent en courant, les bras en croix, dès qu'ils me voient arriver sur le chemin de Yanguissa. Je bois leur confiance et leur tendresse, comme une terre desséchée reçoit sa première pluie. Je me sens moins seule dans ce village perdu d'Afrique qu'en France, au milieu de mes contemporains qui ignorent les problèmes de survie, qui sont arrivés à occulter la mort.

Négatif : Agacement lorsque je retrouve les enquêteurs roupillant dans le hamac tandis que le maître de la maison reste assis par terre, en attendant qu'ils finissent leur sieste et veuillent bien l'interroger.

Positif : Envie irrésistible de rire, lorsque les enquêteurs se font appeler « monsieur » par les gens du village, qui leur parlent évidemment en peul ou en soussou.

Négatif : Questions mal comprises, qui doivent être répétées dix fois, avant d'obtenir des réponses plausibles. Contradictions constantes dans les informations qu'il faut recouper, compléter, classer sans cesse.

Positif : Satisfaction très authentique lorsque je découvre des schémas d'organisation semblables dans des ménages très différents et que mes intuitions, hypothèses de travail se confirment. Une phrase de temps à autre éclaire d'un seul coup les réponses recueillies pendant trois jours et, jusqu'alors demeurées obscures.

Négatif : Bagarres entre Nabi et Traoré, deux des enquêteurs. Ils se battent férocement, jusqu'au sang. Je suis obligée de les punir en supprimant les vélos, et de présenter des excuses au village. Brusquement, ils se sentent sans rancune et partent, bras dessus, bras dessous, panser leurs blessures.

Positif : Appréciation élogieuse de mon collègue, le chef de village : « Tu es aussi forte qu'un homme et tu es juste. Nous voulons que tu restes avec nous. »

Négatif : Les enfants dont on ne voit plus les yeux, infectés et habités par des essaims de mouches. Nausée en enlevant les croûtes purulentes et sanguinolentes sur leur tête. Ça pue.

Ça coule. J'ai l'impression de scalper des charognes vivantes. Ils se débattent en hurlant. Je suis malade de les voir si laids, si malheureux, si ignorants, après tout, de leur malheur.

Positif : Envie de rire, lorsque, sur la place du village, la grosse Sylla Safoura, présidente locale du R.D.A., dénude son ventre, qui retombe en plis épais, pour me montrer où elle a mal. Commentaires compréhensifs de ses voisins, illustrés par des démonstrations analogues, exécutées avec une gravité imperturbable.

Négatif : Sentiment d'être poire. Je ne peux pas parler à quelqu'un sans qu'il me demande un médicament, un stylo à bille, de la cola. L'assistance et le don pervertissent. Certains paysans deviennent mendiants, rusés, exigeants, humiliés. Le mince fil de sympathie tend à disparaître entre celui qui donne et celui qui reçoit. Le respect de soi-même ne vaut-il pas mieux que le ventre plein ?

Positif : Conviction de ne pas être poire. Ils ont besoin de tout. Ils ont tous mal au ventre. Les enfants ne mangent qu'un repas par jour, mais ils se bourrent de fruits verts. Le besoin absolu de solidarité et de compassion. Impossibilité de manger sa gamelle sans partager. Le regard des enfants, tendu, submergé par la faim.

Générosité de ceux qui m'acceptent comme amie. Échange : chacun donnant ce qu'il possède, gardant sa dignité. À ce titre, je commence à posséder un vrai poulailler...

Négatif : Tous ces poulets, râleurs et coriaces, qu'en faire ? J'en ai toujours un dans les jambes ! Mais l'idée de les plumer...

Positif : L'amour est gratuit...

Négatif : L'intelligence est un calcul. Comment les concilier ?

Positif : Ma vision du monde ? Le feu qui ronronne doucement. Les feuilles des calebassiers qui rampent lascivement vers la case, dans les derniers rayons du soleil. Les pépons inoffensifs, verts, durs et lisses qui se colorent, tout à coup, de reflets pourpres et violets.

Négatif : Images d'incendie... images de guerre. La morve qui coule du nez des enfants, inextinguible.

Positif : Le temps. Il s'écoule régulièrement, arrimé à la course du soleil, au cycle des saisons. Quel bonheur, quel apaisement de vivre suivant la logique du soleil, et non pas suivant celle inventée par l'homme.

Négatif : Le temps. Les jours se ressemblent étrangement. La vie est si lente. Quelle est donc la couleur de l'espérance ?

Couleurs de la vie

Le jour le plus attendu de la semaine était celui du marché, distant d'une quinzaine de kilomètres. Chacun voulait profiter de ma voiture. J'y entassais pêle-mêle les enquêteurs, leurs femmes, des chèvres, des poulets et même quelques vieux dont j'avais l'impression qu'ils allaient se casser en morceaux à chaque cahot de la voiture sur la piste à peine tracée.

Nous arrivions à Ouléa et le marché grouillait déjà de monde. Sous le grand fromager, les femmes vendaient du lait caillé et des termites grillés. Hommes en boubou, femmes en camisole et pagne de fête, tous tournaient pleins d'envie autour des étals de cuvettes émaillées et de cotonnades importées aux couleurs bigarrées. On achetait ses provisions pour la semaine : un paquet de noix de cola, une poignée de sel, un petit tas de soumbaras pour faire la sauce, un cornet de piments, cinq morceaux de sucre... Les moutons bousculaient les vaches trapues, aux cornes en forme de lyre, et les petits Foulbés, en haillons bleu indigo, qui les faisaient ressembler à des mendiants de Murillo, se faufilaient dans la foule, ravis de tant d'agitation.

Les marchés ponctuaient l'écoulement du temps. Jour après jour, je m'intégrais davantage à la vie du village. Alfa Lao venait souvent, le soir, me tenir au courant des événements de la journée : une case avait brûlé, incendiée par la foudre, un champ nouveau avait été défriché, la seconde femme de Mamadou Sow était partie chez ses parents qui ne voulaient pas rendre la dot au mari, une vache était morte, un enfant était né. Nous partagions une boîte de sardines : il mangeait les têtes, qui, à l'en croire, donnaient force et sagesse, et me laissait les queues. Nous étions tous deux satisfaits de ce partage. En guise de remerciement, il m'envoyait ensuite une de ses femmes avec un plat de manioc ou de fonio que je mangeais devant elle, vertueusement, bien que le pili-pili m'arrachât la gorge.

Lorsque la femme partait, la calebasse vide posée sur la tête, la nuit tombait. Des nuages de mange-mil tournoyaient au-dessus des arbres. Ils faisaient un chahut terrible. Bientôt le soleil disparaissait derrière la colline et le mouvement des oiseaux s'arrêtait, à l'image de la vie lorsqu'elle n'est pas irradiée de lumière et d'amour. Il y avait un moment de silence total. Puis les grillons et les crapauds prenaient possession de la nuit. Ils entamaient leur chant monotone, variation infinie sur le thème de l'indifférence et de la sérénité. Les femmes chantaient sur la place du village, assises autour du feu. Les enfants se bousculaient pour attraper le dernier morceau de manioc de la journée. Les mains se tendaient vers moi. On me déposait un bébé dans les bras, en signe de confiance et d'amitié.

Parfois, je faisais un feu devant ma case et grillais des épis de maïs. Les enfants venaient grignoter avec moi. Ils se serraient frileusement autour de la flamme, tentaient sans succès de s'enrouler dans le bout de pagne trop court, qui leur échappait des doigts, glissait, découvrait leur dos nu au froid contact de l'ombre.

On jouait aux billes. On faisait des dessins sur les questionnaires. Les filles chantaient d'une voix monocorde. Les petits bombaient leur gros ventre noué par une hernie ombilicale.

Les jours de fête, nous soufflions des bulles de savon. Oumarou, le seul à fréquenter l'école du canton et à parler français, était promu au rang de grand prêtre. Il officiait en diluant le savon dans une calebasse. Je distribuais les pailles. Dans un silence religieux, les bulles, chargées de rêves, s'envolaient dans la nuit.

Parfois aussi Diallo Lama venait. Il se prenait pour un Blanc, un commandant de cercle. Tous savaient qu'il était faible, qu'il n'avait pas résisté au choc du « Blanc ». Diallo faisait une grande consommation de papier. J'étais son seul fournisseur à Madina-Dian et, de ce fait, il éprouvait pour moi une attirance certaine. Il s'asseyait au coin du feu et me posait des questions d'un air courroucé. Il se fâchait si je ne répondais pas assez vite. Il me menaçait de prison. J'essayais de jouer son jeu. Certains soirs, il me paraissait moins fou que le mien. Diallo Lama était seul à le jouer. Il ne dépendait pas des autres. Il ne pouvait faire de mal à quiconque.

Lorsqu'il avait rempli sa page de signes dont personne, même pas lui, ne déchiffrait le sens, il me proposait de l'épouser. Je refusais poliment. Il montait les enchères : un troupeau de bœufs aux longues cornes, des cabris, des béliers. Il y ajoutait, sans lésiner, des pagnes, des cuvettes émaillées, des boucles d'oreilles, des calebasses « une dot fantastique » disait Oumarou en pouffant.

« Une femme, ici, ne coûte pas plus qu'une génisse. »

Le rêve de possession s'éteignait avec le feu. Diallo Lama me caressait les cheveux. Ses ongles noirs, longs de trois centimètres, me crispaient un instant de panique. Mais déjà, il partait à grandes enjambées, ramenant sur lui les pans de son manteau militaire, récupéré dans un stock de friperie américaine, une carcasse de parapluie serrée sous le bras, aussi digne qu'un gentleman anglais.

J'éteignais la lampe-tempête et je m'étendais

sur mon lit Picot. Je contemplais les étoiles. Nous étions logées à la même enseigne : ni elles ni moi ne savions où nous allions, ni pourquoi.

La moustiquaire flottait comme un drapeau blanc, attachée au pied de manioc. Elle m'isolait de la nuit, de ma propre peur qui surgissait, incontrôlable, avec le bruit d'une branche cassée ou le rugissement d'une bête sauvage, assourdi par la distance. Un chien s'introduisait dans l'enclos pour renifler les boîtes vides, et se lançait dans la poursuite d'un rat palmiste qui les inspectait avant lui. La nuit était si mélodieusement triste, malgré ce rat, que, sans être heureux, on ne pouvait s'empêcher d'être serein.

D'autres fois, les fantômes de mon enfance prenaient possession de l'enclos. Grand-père, coiffé d'un casque colonial, envisageait de faire venir son sous-marin pour permettre aux paysans de rester en contact avec leurs terres inondées. J'imaginais Alfa Lao montant à côté de lui pour ce voyage dans le passé qui, pour l'instant, n'était que perspective d'avenir. Le bannissement était le châtiment le plus grave chez les Grecs et je sentais sur moi-même combien il était cruel. Je ne voulais à aucun prix que mon ami soit privé à jamais de la terre de ses ancêtres.

Puis venait le tour de Stanislas. À cheval, il sautait par-dessus la palissade et m'emmenait en croupe vers le fleuve, bravant les chats-tigres et les panthères noires. Il me prenait dans ses bras, puisque j'étais une femme, maintenant, et je frémissais de désir au contact de sa bouche, fondant de joie à l'idée de ne plus être traitée en petite fille.

Je me réveillais en sanglots dans la lueur grise de l'aube. « Pourquoi, pourquoi m'avez-vous abandonnée ? »

Le soleil apparaissait, incandescent, derrière la montagne de Demokoulima. On entendait les femmes partir à la recherche du bois sec pour rallumer le feu. Le village entonnait sa chanson quotidienne, rythmée par les pilons et les cris des enfants qui semblaient ainsi protester contre la lumière du jour et le réveil de la faim.

Je me versais sur la tête un gobelet d'eau boueuse pour chasser mes idées tristes. On ne se libère pas de son passé. Il revient par bouffées, s'accroche au présent, le ronge, attaque l'avenir. L'enfance reste la première référence : si elle a été dramatique, le bonheur apparaît comme une illusion, condamné à disparaître. Si elle fut sereine, le malheur n'est ressenti qu'en douleur passagère. L'identité d'un être humain consistant à rester fidèle à soi-même, ceux qui l'ont connue ne peuvent renier la souffrance. Ils demeurent blessés, incapables de trouver la paix. Ma sensibilité avait été formée par la guerre, et plus rien ne me rendrait la confiance et l'assurance de ceux qui naissent dans la sécurité physique et affective. Mais, parce que j'avais élargi, peu à peu, mon champ de réflexion, je commençais à deviner que la vie était faite d'alternances. Au-delà des malheurs subis, incontrôlables, il y avait aussi ceux que l'on s'attirait soi-même. Une phrase de Tante Julia me revenait comme la lumière des astres nous arrive, longtemps après qu'ils se sont éteints : « On peut faire un drame de n'importe quoi et je serais tentée de dire qu'un bonheur aussi, on peut le faire de n'importe quoi. »

La saison sèche tirait à sa fin. Il n'y avait presque plus d'eau dans le marigot. Elle était jaune et boueuse. Il fallait aller très loin, jusqu'au Mayonkouré, pour pouvoir se laver.

La brousse entière était desséchée, râpée par le soleil. Les greniers étaient à peu près vides. Haoua, la plus jeune femme d'Alfa Lao, servait les repas dans une bassine de plus en plus petite et les hommes qui avaient fini de défricher les champs de montagne étaient épuisés.

À la première tornade de l'année sur Madina-Dian, même les vieux sont sortis de leur case. C'était le baptême de la vie. Les enfants couraient, nus, pour ne pas en perdre une goutte. L'eau ruisselait sur la peau, lui rendait son brillant et sa souplesse. Elle glissait sur les feuilles des bananiers, imprégnait le sol, le rendait de nouveau doux au pied, caressant, fécond. En huit jours, l'herbe poussa et gonfla le ventre des vaches.

Le fonio hâtif venait d'être semé. On attendait la récolte avec impatience. Les mange-mil, surtout, ne se tenaient plus et voletaient autour des champs pour rappeler qu'ils étaient preneurs.

Le ciel, lui aussi, avait changé. Lourd, menaçant, gonflé d'épais nuages gris qui écrasaient l'horizon, pour s'ouvrir, soudain, sur une fulgurante percée de lumière. Il se reflétait dans la terre, paré à nouveau d'une végétation luxuriante, qui s'écartait autour d'une plaie béante de latérite.

Les tornades du mois de mai me faisaient sortir de mon lit. La pluie traversait le toit, comme à Varsovie, après l'insurrection. Mais, comme les greniers étaient vides, les rats les avaient désertés et les grenouilles qui avaient pris le relais me faisaient moins peur. J'allumais la lampe-tempête et j'avais l'impression d'être sur une petite planète isolée de tout et de tous, renfermée comme une géode sur elle-même.

Accroupie sur le seuil de la case, je regardais l'eau qui tombait du ciel. Ma vision avait une acuité que je n'ai jamais retrouvée depuis. Les éclairs dessinaient des arabesques, ils illuminaient le paysage, dotaient le noir et blanc de couleurs violentes. Les gouttes d'eau tombant en files continues formaient un rideau de perles, miroitant et fragile. Elles instauraient une distance par rapport au paysage dont chaque apparition était un éblouissement. Grâce à ces flashes qui découpaient la nuit, je garde en mémoire le panache des palmiers, les branches majestueuses du fromager et le frémissement des pieds de manioc. Je les vois mieux que les noyers de mon enfance, dont les contours s'estompent.

La nature — si bien escamotée dans les grandes villes où j'avais vécu et dans le temps artificiellement tendu par la guerre et la misère — me donnait l'impression de voir le monde pour la première fois depuis que j'avais quitté le jardin béni de mon enfance. Je redécouvrais le soleil, la lune, les étoiles, l'odeur du feu quand on rentre chez soi, la douceur d'une peau d'enfant. Je me rappelais la saveur oubliée de la tendresse.

Il y avait Meli. Sa tête était ornée de trois petites nattes : l'une pointait sur le sommet du crâne, et les deux autres se balançaient au-dessus des oreilles. Le beurre de karité imprégné de latérite leur donnait une belle couleur ocre et une flexibilité d'antennes. Elle restait des heures assise sur le petit tabouret, son gros ventre posé sur ses cuisses rondes. Trois ans, peut-être cinq... Ses yeux très noirs, ombrés de cils longs et doux, étaient remplis d'un étonnement perpétuel. Leur intensité me brûlait le cœur. Il n'était pas possible de rester indifférente.

Je retrouvais en elle la petite fille que j'avais été, au début de la guerre, lorsque la vie m'apparaissait comme un champ immense à explorer avec enthousiasme, avant que le ciel me soit tombé sur la tête, avant que j'aie découvert la mort des autres et celle que l'on porte en soi-même. Meli, avec ses yeux dévorés de passion et ses antennes sur la tête, était là, comme un appel incessant à la vie, incarnation d'une curiosité insatiable, mais aussi du désir d'être. Sans bouger, sans parler, sans sourire, elle me réapprenait la ferveur.

Il y avait aussi Oumarou, mon interprète, âgé d'une douzaine d'années. Il avait appris le français à l'école d'Ouléa, ce qui ne l'empêchait pas d'écrire « patte d'arachide » et « lait cahier ». Cette science lui donnait un statut privilégié d'interprète-informateur. Comme le fou, Diallo Lama, il était fasciné par le monde des Blancs. Il rêvait de quitter le village et d'entrer dans l'administration. Le travail de la plume était une libération au regard du maniement de la « daba* ». Il y avait comme une magie à percevoir de l'argent, beaucoup d'argent, pour rester simplement assis derrière un bureau, sans suer sang et eau à défricher un sol rocailleux et ingrat. Et non seulement on gagnait de l'argent,

* Houe.

mais les autres, y compris les chefs qui imposaient leur autorité à tout le village, tremblaient de respect devant vous, inclinaient la tête comme s'ils approuvaient à l'avance tout ce qui allait être dit.

Il rêvait tant de civilisation que, une fois en partant chercher la paie des enquêteurs à Kindia, je l'emmenai avec moi. Nous nous arrêtâmes dans une case, dont le plus grand luxe était une baignoire dans laquelle je me plongeais chaque fois avec délices, pour m'y défaire de ma carapace de latérite. Oumarou décida lui aussi de prendre un bain, émerveillé par cette « bassine » dont il pouvait tourner les robinets d'où giclait automatiquement de l'eau chaude ou froide. Lavé, il était resplendissant, la peau noire et luisante. Il avait enfilé le petit short que je lui avais acheté au marché pour remplacer l'infâme chiffon qu'il se nouait autour des reins. Il se regarda dans la glace, de la tête aux pieds, et me dit dans une sorte de hoquet :

« Mamadou'zelle, je veux un pantalon comme monsieur l'enquêteur Bouna, et aussi des chaussures. »

J'étais troublée. Je détenais le pouvoir de le rendre heureux, ce qui est un privilège rare et précieux, mais, en même temps, il me paraissait dangereux de trop différencier le gamin des autres enfants de Madina-Dian, d'en faire un petit snob isolé de son milieu ou, pire, un fou comme Diallo Lama. Je dis à Oumarou :

« Je ne peux pas t'acheter un pantalon. Les autres enfants pourraient être malheureux s'ils te voyaient arriver avec des vêtements neufs, tandis que, eux, ils n'ont rien. Et je ne suis pas assez riche pour acheter des vêtements à tous les enfants de Madina-Dian.

— Je veux gagner un pantalon, insista maladroitement Oumarou, je n'ai rien à la maison. Mon père ne m'achète jamais rien.

— Oumarou, oublie un moment le pantalon et dis-moi ce que tes camarades voudraient qu'on leur rapporte.

— Je n'ai pas de camarades, au village. Ils sont trop bêtes. Ils ont été à l'école coranique, mais ils ne savent pas lire ni écrire le français.

— Mais tu les connais bien, Oumarou. Qu'est-ce qui leur ferait plaisir ? »

Oumarou baissa la tête, accablé, et entama une réflexion douloureuse.

« Du pain... Ils n'ont pas de pain », dit-il après un moment.

Ce fut un choc. Le pain n'avait sans doute pas, pour le petit garçon, la même valeur symbolique que pour moi. Il ne faisait pas partie de son héritage culturel et le développement de l'Afrique s'incarnait plutôt, pour les paysans, dans un grenier plein de mil ou de maïs. Mais le dilemme devenait clair : déguisement de Blanc pour un ou pain pour tous. C'était, à vrai dire, le vrai dilemme de l'Afrique à l'aube des indépendances.

Alors, je demandai une fois encore, pour que le gamin comprenne :

« Que vaut-il mieux, selon toi, Oumarou, acheter du pain pour tous les gosses du “ missidé * ”, ou acheter un pantalon pour toi seul ?

— Oh, mamadou'zelle, gémit Oumarou, au bord des larmes.

— Du pain, ou un pantalon, Oumarou ?

— Du pain. »

Je l'ai embrassé sur les deux joues, essuyant par la même occasion, les larmes qui avaient fini par jaillir. Oumarou ne releva pas la tête, regardant fixement ses pieds nus. « Et mon pantalon, se plaignait-il doucement, et mes chaussures... »

Nous allâmes tout de même au marché. Sur le chemin du retour, assis à côté du chauffeur, Oumarou ne cessa de se retourner pour contempler les pains entassés sur la banquette avec un sourire de béatitude.

Le sourire d'Oumarou, réconcilié avec lui-même, fut sans doute ma contribution majeure, et combien dérisoire, au développement de l'Afrique. Au cours de toutes les années qui suivirent la naissance des jeunes États, je ne le vis que rarement sur les lèvres de ceux qui avaient le pouvoir de choisir.

* Village.

Au-delà de la chaleur et de l'amitié, je découvrais aussi ma capacité à être utile aux autres. J'y étais d'autant plus sensible que je cherchais à me justifier d'avoir survécu aux massacres pendant la guerre. Bien sûr, il ne s'agissait pas de l'enquête, qui ne changerait rien au dénuement, mais des menus services que je pouvais rendre : écrire une lettre à l'administration, panser une plaie, distribuer de la quinine.

Dans un environnement privé de tout service public, mes efforts ne passèrent pas inaperçus. Après avoir inquiété l'administration française, ma présence posa problème aux autorités africaines, et le conseiller territorial se déplaça pour me voir. Il parlementa longtemps avec Alfa Lao, qui criait et gesticulait, contrairement à son habitude.

« Le chef dit que tu ne fais pas de politique, la politique c'est couillon et ça ne rapporte rien à personne », me traduisait à l'oreille Oumarou. « Toi, tu les aides et tu es leur amie, même si tu t'occupes de papiers qu'ils ne comprennent pas très bien... Il dit aussi qu'il préfère les Blancs-Noirs aux Noirs-Blancs... Il pense qu'ils n'ont pas besoin de barrage. On les fait chier avec le barrage. Qu'on ne dise pas que c'est pour eux qu'on le construit. »

Le conseiller territorial transpirait dans son veston à élégantes rayures noires, sans oser desserrer sa cravate. Il avait perdu la partie. Le charme du monde nouveau, dont il était détenteur, n'agissait pas sur le vieux chef. À tout moment, complet-veston ou pas, il risquait de s'entendre dire : « Le roi est nu. »

Il vint s'asseoir dans ma case et but un gobelet d'eau filtrée, tout en s'étonnant de l'absence de bière fraîche. Il me dit : « On ne peut rien tirer de ces paysans. Ils ne comprennent rien à la politique. Je ne saisis pas comment vous pouvez vivre avec des cons pareils. Vous n'êtes qu'une gamine. La prochaine fois, je vous apporterai des gâteaux. »

Ma zone d'influence s'étendait. Certes, je n'avais pas les pouvoirs du marabout, Karamoko Tountourou, qui était capable d'obtenir tout ce qu'un homme pouvait désirer : avoir une bonne récolte, anéantir son ennemi, voler les bœufs du voisin tout en gardant les siens, épouser, à bon prix, une jolie fille au ventre fécond, obéissante et travailleuse.

Karamoko Tountourou inscrivait la formule adéquate sur une planchette en bois. Il la lavait ensuite à l'eau et offrait le liquide magique à son client. Son pouvoir et sa science étaient sans égal et lui assuraient, outre un revenu confortable, le respect craintif de ses concitoyens.

Mon registre à moi était plus limité, mais j'avais néanmoins une clientèle nombreuse, qui venait de vingt kilomètres à la ronde. Entre midi et trois heures, l'enclos ressemblait au camp de rapatriés où ma mère avait été médecin, près de Cracovie.

En dehors de la qualité intrinsèque du service, mon assistance avait l'inestimable avantage d'être gratuite. Mais, si j'avais réussi à identifier certaines maladies — la malaria n'avait plus de secret pour moi —, j'échouais pour d'autres et j'enrageais de me faire piéger par l'ignorance de mes patients et ma propre incompétence.

C'est ainsi qu'un paysan du village voisin vint me demander une purge pour sa femme qui avait mal au ventre. Je lui remis un laxatif. L'homme revint le soir pour se réapprovisionner, et, avec l'aide d'Oumarou, je l'interrogeai plus longuement sur les symptômes. Il finit par m'expliquer, honteux et réticent, que sa femme avait fait une fausse couche, elle perdait du sang et elle ne cessait de gémir depuis le matin. Je transportai la femme à l'hôpital de Kindia où elle s'en tira de justesse, mais nous eûmes tous très peur.

En dehors des blessures, je maîtrisais tant bien que mal les infections dont certaines naissaient sans plaie apparente. J'incisais, pressais le pus et administrais de la pénicilline. Mes malades étaient fiers du pansement, heureux de la guérison.

Mais, là encore, déboires et peines ne me furent pas épargnés... Il y avait parmi mes patients un petit garçon, Mamadou, qui avait aux jambes des plaies purulentes et profondes. Je les nettoyais de mon mieux, les recouvrais d'une pommade antibiotique et d'un pansement blanc qui faisait beaucoup d'effet. Il repartait souriant, satisfait de mon ouvrage, espérant que je le guérirais. Le traitement dura plusieurs mois, mais ses jambes ne cicatrisaient pas. En désespoir de cause, lors d'un voyage à Kindia, j'en parlai au médecin militaire. Il me demanda si le garçon souffrait lorsque je les nettoyais. Non, il ne souffrait pas. Il me regardait avec une confiance illimitée. Le médecin hocha la tête. Mes soins étaient inutiles. Le garçon avait la lèpre.

Je revins au village. L'enfant m'attendait parmi la foule de mes clients habituels. J'allai vers lui et dis : « Je ne peux pas te soigner, Mamadou. Cela ne sert à rien. Je ne sais pas te guérir. Mais viens demain, je t'emmènerai voir le médecin blanc à Kindia. »

L'enfant devint immobile, comme si soudain il avait voulu bâtir un mur entre le monde et lui, comme s'il devenait adulte. Ses yeux mêmes, qui d'ordinaire brillaient de joie, se firent mats, impénétrables.

Je ne revis plus son sourire. Il ne revint pas le lendemain, ni les autres jours. Il avait cru en moi, et j'avais trahi son espérance. Tous deux, nous avions partagé des idées fausses, mais les intentions étaient sincères. J'aurais voulu rompre l'illusion des bons sentiments et lui porter un secours réel. Mais le petit garçon, qui avait peut-être une chance de guérir de la lèpre, avait disparu.

Parfois, la nostalgie me prenait au ventre, l'amibiase aussi. La conjonction des deux était insupportable. Sans compter la chaleur qui anéantissait toutes mes forces vitales.

Certains jours, je me disais : « Qu'est-ce que je fais dans cette fournaise, dans cette crasse, avec ces gens dont je ne parle pas la langue, dont je ne partage pas la culture ? »

J'aurais tout donné pour prendre une douche, retrouver un peu de fraîcheur, ne plus sentir l'odeur de la sueur et du lait caillé, écouter le *Requiem* de Mozart plutôt que le tam-tam du village.

Je m'étendais dans le hamac et relisais pour la centième fois les deux seuls ouvrages que j'avais emportés : *Crainte et Tremblement* de Kierkegaard et *Éloge de la folie* d'Érasme. Le mystique et le sceptique... Ils osaient tous deux chercher la vérité au-delà des apparences, des conventions de leur époque, dans la conviction intime de leur esprit et de leur cœur. Sans croire pour autant qu'ils la détenaient. Sans l'imposer aux autres.

J'aimais la lucidité d'Érasme : « Si quelqu'un arrive à la connaissance, c'est bien souvent aux dépens de son bonheur. L'esprit de l'homme est ainsi fait qu'on le prend beaucoup mieux par le mensonge que par la vérité. »

J'aimais la soif d'absolu de Kierkegaard :

« Seules les natures inférieures cherchent en autrui la loi de leurs actions, les prémices de leurs résolutions. »

Je lisais et relisais leurs livres et c'était mon seul lien avec le monde occidental, censé être le mien, dont le souvenir était empreint de dureté et de violence.

Un jour, tandis que j'essayais d'annihiler mon cafard en lisant Kierkegaard, une vieille femme vint me demander du pétrole pour sa lampe. Je la renvoyai. C'était injuste car j'en donnais toujours aux autres quand il m'en restait. Mais j'avais dépassé les limites de la résistance à la chaleur, à la dysenterie et au dévouement.

La vieille me regarda sans comprendre, résignée à l'avance, comme le sont les humbles depuis trop longtemps prisonniers de leur sort. Son regard me fut insupportable. Il portait une telle charge de tristesse, me renvoyait si durement au désespoir que j'avais connu moi-même, qu'il me paralysa. Je fus incapable de tendre la main pour la retenir. Elle partit presque en courant. Son dos était voûté, et les os saillaient à travers sa peau grise de poussière, craquelée de sécheresse.

On ne rattrape jamais les occasions perdues ni les injures que l'on fait aux autres. Le mépris de l'indifférence est pire que la morsure de la cruauté. Je ne me suis jamais pardonné de l'avoir laissée partir.

Entrée dans la danse

Je passais près d'un an à Madina-Dian. Je me déplaçais dans d'autres villages, y restant plusieurs jours ou plusieurs semaines, mais je revenais toujours dans la case d'Alfa Lao. J'y retournais comme le fils prodigue rentre chez lui, accueillie à l'entrée du hoggo par l'ancêtre, sa longue silhouette drapée dans le grand boubou, ses mains fines tendues vers moi dans un geste de bienvenue.

Les femmes apportaient une calebasse de lait caillé. Elles me présentaient les bébés nés pendant mon absence. Alfa Lao s'installait dans un hamac, je m'asseyais sur un tabouret et nous nous racontions le temps passé. De Gaulle était venu à Conakry : c'était un grand guerrier. Sekou Touré avait choisi l'indépendance : c'était un grand homme. Mais les Soussous et les Malinkés en profitaient maintenant pour s'attaquer aux Peuls. Des bœufs avaient été volés, des Foulbés tués dans des échauffourées. Alfa Lao m'interrogeait sur le projet de barrage.

Tous savaient que leurs terres risquaient d'être submergées et ils n'arrivaient pas à le croire. Leurs ancêtres s'étaient installés dans la région voilà deux cents ans. Madina-Dian avait été fondé au début du siècle par le père d'Alfa Lao. Lui-même y était né. Il aurait souhaité y mourir.

Alfa Lao gardait la sérénité de Grand-père dans un monde voué à la destruction. Le mien n'existait plus. Il n'était pas submergé par les eaux, mais sa population avait été déplacée, remplacée par une autre. Je savais combien il était dur de vivre sans racines, à jamais exilé de sa propre terre, sans pouvoir retourner sur ses pas. J'avais l'impression de revivre mon histoire.

Mais, au-delà de cet arrachement perpétuel, je découvrais, à travers le courage serein d'Alfa Lao, mon dénuement et ma solitude, le sens de la vie dont m'avait parlé jadis Tante Julia dans la Cracovie d'après-guerre : « L'existence se réduit à deux pôles : l'amour et la mort. Si tu arrives à comprendre cela, tu deviendras quelqu'un, c'est-à-dire toi-même. Tu n'en aperçois pour le moment que les ombres distordues : la violence, les rapports de force, le pouvoir de l'argent. Il n'est pas facile de voir clair à travers une ombre difforme. Beaucoup s'y égarent. Ils se construisent un rempart de biens matériels qui leur procure une apparence de sécurité. Ils essaient de créer un cadre, pensant qu'il leur permettra de s'insérer dans la vie elle-même. Ils cherchent la preuve de leur existence dans les richesses qu'ils possèdent, les honneurs qu'on leur rend, le respect qu'on leur témoigne... Mais l'important, c'est d'*être,* ce n'est pas d'*avoir.* Cela consiste à se jeter dans le vide, chaque jour, à chaque instant. Chacun de tes pas est une projection dans le vide. »

Au cours de cette année où j'ai vécu solitaire, mais si proche des paysans d'Afrique, j'ai presque frôlé l'amour. L'amour est insaisissable. On ne reconnaît pas toujours son visage ; on peut le confondre avec les égarements de la passion ou la bonne conscience du devoir accompli. Mais il est le seul à donner la paix. Peut-être se rapproche-t-il de la foi que j'avais perdue devant le douloureux et inexplicable désordre de l'univers. Tout au moins, celle définie par saint Paul comme étant la substance de l'espérance et la croyance en l'invisible.

L'amour est si proche de la mort, qu'après avoir frôlé l'un, j'ai été inévitablement projetée vers l'autre. Au détour de la route boueuse, à travers l'écran argenté de la pluie, j'ai vu l'arbre. Une fraction de seconde, une conscience très froide de ce qui allait arriver et la cabine de la Land Rover s'est écrasée contre le tronc d'un manguier.

Éblouissement et paix. Peut-être étais-je inconsciente. Le souvenir de ce premier moment de choc est celui d'une grande sérénité.

J'eus l'idée, déjà pressentie auparavant, que j'allais être dispensée d'une partie que je ne souhaitais pas vraiment jouer. Une partie truquée, perdue d'avance.

Pour vivre, il fallait fermer les yeux, accepter la cruauté, le mensonge, chercher le compromis, le juste milieu, se laisser imprégner d'indifférence. Je sentais le sang dégouliner sur ma nuque et je me disais : « Dieu soit loué, je vais rejoindre Yann et Stanislas dans leur flaque de sang ! Dieu soit loué. Je ne suis pas condamnée à vivre dans la lâcheté. »

Et puis, Bouli, le chauffeur, essaya de tirer mon corps de la carcasse de la voiture. Ce corps m'était devenu étranger mais je souffrais néanmoins d'une douleur lancinante à la jambe, coincée sous le tableau de bord, et d'une autre, plus sourde, à la tête, dont la blessure ouverte, par jets saccadés, m'inondait de sang.

Je ne voulais pas vivre mais je hurlai quand même à cet idiot de Bouli, gris de peur, les mains tremblantes d'émotion, et qui ne trouvait rien de mieux à faire que me secouer comme un prunier : « Ne me touche pas, ne me touche pas ! Va chercher du secours ! »

Il partit en courant. J'eus de la peine pour lui. Blesser un Blanc dans un accident, c'était pire qu'un sacrilège.

Je restai dans la cabine défoncée. La pluie se déversait sur moi. Je grelottais de froid et d'énervement. Je pleurais. Je prenais un curieux plaisir à mélanger mes larmes à l'eau de pluie et au sang.

La route était peu fréquentée et il y avait peu de chances pour qu'une voiture passe. Je me disais : « Quel destin de mourir au bout du monde, dans un pays dont je ne sais même pas s'il est mon lieu de fuite ou ma destination. Sur une piste perdue, que le barrage n'aura pas besoin d'inonder, le ciel s'en charge. Sans jamais avoir réussi à tenir la promesse faite à Dieu, en qui je n'arrive plus à croire. Sans même savoir quel est le contenu réel de cette promesse : c'est quoi la sagesse ? C'est quoi l'obéissance ? »

Mais selon toute apparence, je n'étais pas en train de mourir. Au contraire. Signe de vie qui ne trompe pas, la douleur se faisait plus vive, intenable. Une fois encore, comme le jour où je fus abandonnée au milieu des morts et des ruines, quelqu'un viendrait me ramasser. Bouli finirait par trouver de l'aide. Et je tombai dans les pommes, en attendant.

Je fus secourue par des chercheurs français alertés par le chauffeur et soignée à l'hôpital de Kindia.

Je revins à Madina-Dian pour terminer mon enquête et la vie quotidienne reprit son cours. Mais la mort continuait de rôder près de moi.

Un jour, alors que je travaillais sous la véranda — les femmes d'Alfa Lao pilaient le paddy à l'ombre du manguier et les enfants fabriquaient une nasse pour le poisson —, les hommes rentrèrent au village portant sur leurs épaules le corps d'Amadou Diallo, la tête ensanglantée.

Amadou était parti à Kindia dans un camion-taxi, parmi une grappe humaine suspendue à l'arrière. Dans un virage, le chauffeur, se rappelant sans doute qu'il devait rouler à droite, serra le bord de la piste et la tête d'Amadou se fracassa contre un arbre.

Le village entra en transe. Les tam-tams frappèrent leur plainte sourde. Devant la case où reposait le corps, les femmes se roulaient dans la poussière, s'arrachaient les cheveux, se cognaient la tête contre le tronc des arbres, se lacéraient la peau avec les ongles.

J'étais atterrée par cette mort. Dans le monde des Blancs, elle aurait pu paraître logique. Dans le monde africain, elle était injuste, incompréhensible. Amadou n'avait transgressé aucune règle. Le camion l'avait tué d'une façon absurde. Je revoyais sa longue silhouette, boubou gonflé au vent, se profiler dans la brousse, au milieu du troupeau ou aux abords du village, la machette à la main, image à peine brouillée d'un peuple de pasteurs et de guerriers. D'une façon ou d'une autre, la beauté était toujours le commencement de l'horreur.

J'aurais voulu dire ma peine à ses femmes, mais je ne savais ni crier, ni gémir à leur façon.

Je restais assise sur le seuil de ma case. Quelques enfants vinrent se blottir près de moi. La pleine lune apparut derrière l'arbre à palabres. Elle éclairait le panache surréaliste des papayers et illuminait l'enclos comme en plein jour. La nuit était aussi douce que les autres soirs, mais on ne l'entendait pas à cause de la clameur des hommes.

Binta, la première femme d'Amadou, s'approcha. Elle portait juste un pagne autour des reins et la poussière collée au sang des griffures formait sur sa poitrine un dessin mystérieux. Je dis : « Binta » et lui posai la main sur l'épaule. Elle me prit par le poignet et m'entraîna au milieu de l'enclos. Les tam-tams, à moitié endormis, reprirent plus fort. Je regardais Binta, devant moi, frapper à leur rythme avec ses pieds. Ses reins se creusaient, son corps s'élançait comme s'il reprenait vie. Cette danse qui montait de la nuit des temps était un défi et une victoire. Comme la terre calcinée par le feu de brousse reverdit après les premières pluies, Binta retrouvait son élan et sa vigueur. Elle était en train de payer son tribut à la mort. Elle l'exorcisait, la rejetait d'elle-même.

Je me sentais bête devant elle. Aussi déplacée au milieu de cette danse qu'au bal de mes dix-sept ans. J'avais l'impression d'être déguisée. Mes vêtements européens m'entravaient. Mon histoire, ma culture me rivaient au sol.

Je restais paralysée par cette mort qui remontait au plus lointain de mon passé, ligotée par cette idée de Blanc : on ne doit pas paraître ridicule aux autres et insensé à soi-même. Dans un éclair de lune, j'ai pensé qu'une idée pareille ne méritait pas mieux que d'être pendue à la branche d'un papayer. Si l'on ne peut communier dans l'artifice ou le spectacle, on peut dépasser les formes d'expression propres à chacun et communiquer dans le dépouillement des sentiments essentiels : joie et tristesse, colère et sérénité, courage et peur. Binta, mieux que moi, avait compris qu'ils font partie de notre destin.

Je me mis à danser avec elle, à ma façon et je sentis la mort d'Amadou, qui était aussi celle de Stanislas, s'éloigner peu à peu et disparaître derrière la clôture du hoggo. C'était la seule barrière qui restait. Les autres étaient tombées. Celles de la couleur, de la langue, de nos modes de vie différents. Toutes ces barrières qui m'avaient jusque-là séparée de Binta et toutes celles, moins visibles, que j'avais bâties en moi pour me protéger du passé.

Le soleil est clair à minuit.

Peut-être faut-il aller au bout de la souffrance afin de pouvoir tout oser. Ce parcours africain avait été le prix à payer pour me détacher de la pesanteur.

Peut-être ce cycle infini, alternant la vie et la

mort, l'espérance d'amour et le froid désespoir de la connaissance, se justifiait-il en soi. La terre est ronde afin qu'on ne s'attache nulle part. L'important est de tourner comme elle.

Troisième partie

LE RÊVE D'UNE TÊTE COUPÉE

Cinquante ans après : recyclage d'une vie

Un demi-siècle a passé depuis la nuit qui incendia mon enfance. Le monde autour de moi a changé. L'horizon s'est étendu de tous les côtés. J'ai rapetissé par rapport au monde qui m'entoure. Je n'en suis plus le centre. Il n'est plus l'étau qui m'enserre de toutes parts. Je suis une particule de l'univers, qui essaie de croire en sa liberté, même si un réseau de fils l'ancre dans le passé et l'amarre aux autres particules.

Je sais désormais que la vie est cruelle et belle à la fois. Deux traces parallèles, toutes les deux présentes. Ni l'une ni l'autre ne l'emporte définitivement. Il n'y a pas de victoire, pas de point final. Lorsqu'on a commencé la vie sur la trace du malheur, c'est à lui que l'on revient. Le bonheur se dissout dans les larmes et chaque misère du monde entre en résonance avec le vécu.

De nouvelles guerres livrent des images d'enfants jetés sur les routes, abandonnés, blessés. Ceux qui survivent en sortent plus forts, mais en même temps irrémédiablement marqués. Invalides de l'amour, parce que amputés de la confiance. Aujourd'hui, quand je regarde dans le kaléidoscope de mon passé, c'est à eux que je pense. Enfants de Bosnie, d'Afghanistan, de Somalie, c'est à eux que je voudrais donner la parole.

Pour moi la guerre est finie et j'ai fait mon chemin dans une société où la paix, la sécurité, le confort sont l'apanage du plus grand nombre. Pour vivre, j'ai refoulé les images de mort au plus profond de ma conscience, mais elles sont toujours là, recouvertes de la neige de l'oubli. Je n'ai pas oublié la leçon des nouilles de ma grand-mère : dans les pires moments, je m'active. Dans les bons aussi, à vrai dire. Cela me donne l'illusion de ne pas subir mon destin.

J'ai retrouvé ce que mes parents avaient perdu : l'appartenance à une classe d'intellectuels. J'ai même essayé de me ranger pendant quelques années dans la vie bourgeoise : posséder un bel appartement, des meubles anciens, des tableaux ; écouter de la musique en oubliant la violence et la pauvreté. Ciel ! J'ai presque failli faire carrière, mais je n'arrivais pas à la prendre au sérieux. La réussite sociale et professionnelle me paraît dérisoire, si ce n'est par rapport aux résultats de l'action, et me couler dans le moule d'une institution est au-dessus de mes forces. J'ai la faiblesse de croire que l'on s'enrichit plus dans la différence que dans l'uniformité, dans la remise en cause permanente que dans la répétition d'actions rôdées une fois pour toutes. Dans un monde qui change, l'immobilisme est le pire des risques or, les institutions, comme les paquebots, ont du mal à changer de cap.

Pendant trente ans, j'ai travaillé pour l'Afrique. Plus beaucoup dans les villages, mais dans les organismes de développement. Pleins de bonne volonté et toujours à côté de la plaque. Les projets ambitieux qui avaient pour but de transférer la technologie et d'améliorer la productivité paysanne se transformaient, comme le carrosse de Cendrillon, en une citrouille bureaucratique et budgétivore avant de disparaître sans laisser d'autres traces, comme dans la légende de l'éléphant blanc *. Les programmes d'ajustement tentaient en vain de restaurer les équilibres macroéconomiques dont les variables s'échappaient dans le secteur informel comme les cabris dans la brousse. Les doctrines de l'économie centralisée et celle de l'économie libérale se relayaient en produisant les mêmes effets. Les politiques de développement ressemblaient aux discours que les adultes me tenaient lorsque j'étais enfant : elles ne collaient pas à la réalité. Ma propre action était

* « L'éléphant blanc » désigne, dans le jargon de l'aide internationale, les grands projets mal adaptés aux conditions locales.

aussi inefficace que la pénicilline que je mettais naïvement sur les plaies du petit lépreux de Madina-Dian.

Habituée à l'échec, j'avais presque perdu l'espoir de faire œuvre utile. La coopération était devenue un alibi. Je ne savais plus que faire pour que mes efforts aient un effet réel et positif, aussi limité soit-il. Il n'y a que dans les fables que les poules pondent des œufs d'or. Dans la vie, l'or que l'on croit tenir dans ses mains se transforme souvent en œufs cassés, qui vous dégoulinent entre les doigts.

C'était mon sentiment profond, il y a encore sept ans, lorsque je commençai à travailler sur le financement de l'économie paysanne en Afrique, en essayant de quitter la vision professionnelle et de retrouver le regard du naïf. Cette recherche a été plus qu'un sujet d'étude, elle a été la quête d'une approche financière subordonnée à l'homme. Elle m'a permis de reconquérir mon passé. Mon expérience d'enfant ballottée par la guerre m'aide à comprendre la vérité de ceux qui sont invisibles au monde institutionnel, les paysans pauvres, les exclus. Je recycle cette expérience, en même temps que les compétences acquises dans l'exercice de mon métier d'économiste, au profit des plus démunis.

Comment devient-on banquier des exclus ?

Est-ce par hasard ou par vocation ? Je ne le sais pas vraiment. Je hais l'argent et j'y suis attachée en même temps, par peur d'avoir à le compter. En fait, je ne sais pas compter. Je n'ai jamais appris l'arithmétique et, si je maîtrise le raisonnement mathématique, je me perds souvent dans les chiffres. Je manque d'assurance. Je me sens plus à l'aise dans les moments difficiles que dans le calme du quotidien. Plus proche de la douleur que de la joie. Quelque part ce sont de vraies raisons. On ne trouve sa voie qu'en se dépassant et en maîtrisant ses démons. Faire crédit, c'est faire confiance, et pour faire confiance aux autres il faut d'abord croire en soi-même.

À contre-courant du mouvement habituel où l'argent est investi pour agrémenter la vie, j'investis ma vie dans l'argent et son substitut, le crédit. La banque des pauvres me permet de conjuguer passé et avenir, éthique et profession, de retrouver une unité de vision et de comportement. Elle me permet de passer les frontières et de lever les barrières entre des disciplines qui s'ignorent. Elle combine l'approche économique et l'action sociale, le respect de l'individu et l'effet de masse.

L'économie, fondée sur l'étude des biens rares, traite l'homme comme un facteur de production abondant et ne se préoccupe pas de son sort. Le chômage n'est qu'un élément résiduel des politiques économiques. Les filets de protection sociale ont pour but de recueillir, tant bien que mal, la casse humaine, mais les mesures pour éviter cette casse ne sont pas intégrées dans le système. Aussi le monde s'enrichit et la pauvreté s'accroît. Cinquante millions de pauvres en Europe. Un milliard dans le monde. Aucune politique sociale, aucune politique d'aide ne peut résoudre un problème de cette dimension. Mon rêve est que l'économique et le social soient de nouveau liés. Que le commerce de l'argent soit réconcilié avec le commerce des hommes. Que, faute de leur offrir du travail, la société rende aux individus le droit à l'initiative économique en leur ouvrant accès au crédit pour créer leur propre emploi.

Un homme, c'est fait pour rester debout. Souffrir, peiner, mais être responsable de son sort. Comment faire entrer dans un raisonnement économique le poids écrasant d'un horizon sans espoir ? Ces matins où l'on se réveille en sachant que rien ni personne ne vous attend nulle part, que vous n'aurez rien à faire toute la journée, sauf à attendre dans une queue pour remplir des formalités dont vous ne comprenez pas le sens et avaler un repas que l'on vous donnera par charité. Ces nuits où l'on se réfugie dans le sommeil protecteur mais où les rêves vous poursuivent : portes fermées, chemins sans issue, monstres terrifiants, gardiens d'un univers qui vous rejette. Le mot « compassion », qui est la clef pour entrer dans l'univers de la misère, est absent du vocabulaire économique et social. Dans le langage courant, il a perdu son sens étymologique et pris une connotation de charité.

Esclaves, serfs ou prolétaires avaient leur place dans le monde. Ils étaient prisonniers du système, mais la société avait besoin d'eux. Nous voici dans un monde où le système économique produit des exclus, des inutiles. Une souffrance sans fin qui jaillit des écrans de télévision et qui s'étale comme la lèpre dans nos cités, provoquant la peur des nantis. Cette peur est justifiée. Le monde devient petit et les déséquilibres démographiques sont plus forts que la protection des frontières *. À long terme, développer l'emploi dans les pays pauvres est plus efficace que lutter contre l'immigration. Fractionner le capital et permettre aux chômeurs des sociétés industrielles de créer leur propre emploi a un coût moins élevé que celui de l'aide sociale ou de la répression.

Un cheminement personnel stylisé par la mémoire se fond ainsi dans un débat de société, qui concerne chacun de nous. Cette troisième partie est une sorte d'épilogue aux deux premières.

Le crédit solidaire est devenu le but de ma vie. Aider les hommes et les femmes à retrouver

* La population de l'Afrique, qui compte aujourd'hui 500 millions d'habitants, comme celle de l'Europe, va doubler d'ici vingt ans, alors que celle de l'Europe stagnera.

la confiance en eux, la confiance en l'avenir à travers un instrument financier froid et banal, c'est difficile à expliquer dans un monde où le langage économique réduit la réalité à une seule dimension. C'est difficile aussi lorsqu'on agit dans le registre du banquier, qui n'est pas celui de la justice sociale. Et pourtant, contrairement aux préceptes de mon enfance, ce qui me paraît honteux aujourd'hui, ce n'est pas de parler d'argent, c'est de ne pas en parler. Le vrai enjeu de la banque est de mettre la puissance financière au service des hommes. De leur offrir un espace de liberté pour bâtir leur avenir. C'est de la dignité de l'homme qu'il s'agit et de rien d'autre.

La Grameen Bank : une idée juste

J'ai rencontré Muhammad Yunus en 1985, dans une conférence sur le développement à Amsterdam. Il détonnait au milieu des experts. Les experts, par nature, doivent paraître sérieux et pleins de science. Ils parlent un langage compliqué. Ils décortiquent les problèmes, les décomposent en miettes. La complexité des choses qu'ils mettent à nu est telle que l'on ne peut rien faire, sinon continuer à analyser, classer, trouver des mots nouveaux pour habiller des idées anciennes. Ils n'ont pas changé depuis Érasme :

« Quel suave délire quand ils bâtissent des mondes innombrables, qu'ils mesurent, comme avec le pouce ou avec un fil, le soleil, la lune, les étoiles, les sphères ; qu'ils expliquent les causes du tonnerre, des vents, des éclipses et autres phénomènes inexplicables, sans la moindre hésitation ! Ne dirait-on pas qu'ils sont les secrétaires de l'architecte du monde et qu'ils nous arrivent du conseil des dieux ? En attendant, la nature se moque joliment d'eux et de leurs conjectures. En effet, ils ne savent rien de certain ; les disputes interminables qu'ils soulèvent entre eux sur chaque point en sont une preuve évidente. Ils ne savent absolument rien et ils prétendent tout savoir. Ils s'ignorent eux-mêmes : ils ne voient souvent pas le fossé ou la pierre qui est devant eux, soient qu'ils aient la berlue, soient qu'ils battent la campagne. Mais les idées, les universaux, les formes séparées, les matières premières, les quiddités, les eccéités, les instants, toutes choses si imperceptibles qu'à mon avis Lyncée lui-même ne les distinguerait pas, ils ont la prétention de les voir*. »

Muhammad Yunus, lui, n'était pas comme eux. Un petit homme, habillé de la longue chemise bangladeshi couleur safran, parlant un langage simple de paysan. Il expliquait comment, dans les villages autour de l'université de Chittagong, où il enseignait l'économétrie, les paysans étaient exploités par les usuriers : une femme tressant des paniers gagnait moins qu'il ne lui fallait pour vivre, car la quasi-totalité de sa recette servait à payer les intérêts du prêt qu'elle était obligée de contracter pour acheter les roseaux. C'est en discutant avec elle, et avec d'autres paysans sans terre, qu'il avait lancé un projet pilote pour prêter aux plus pauvres. Il s'était alors aperçu que le crédit octroyé à un

* Érasme : *Éloge de la folie.*

taux raisonnable leur permettait de sortir peu à peu de la misère et de devenir des citoyens à part entière.

L'histoire de Yunus était d'une simplicité enfantine. Il ne l'avait pas habillée d'équations et de phrases savantes. C'était du bon sens à l'état pur. Il avait mis de côté tout l'attirail de la science économique pour clamer une idée si simple et si évidente que même un enfant aurait pu la défendre. C'est cela une idée juste, et dans ma longue carrière au service du développement, j'en ai rencontré peu d'aussi lumineuses.

Bien qu'il ne fût pas d'usage pour la coopération française de mettre le nez hors de l'Afrique, j'obtins, en 1987, l'autorisation d'aller au Bangladesh. Pour ne pas me laisser emporter par mon enthousiasme, il fut convenu que nous y irions à deux, avec un agronome qui ignorait tout du projet. Nous sommes revenus emballés tous les deux.

« De l'avis commun des deux membres de la mission, cette expérience semble la mieux adaptée, la plus efficace et la plus riche de promesses de toutes les opérations de développement dont ils ont eu connaissance jusqu'à présent », disait le rapport — mais les autres, ceux qui ne l'ont pas vue de leurs yeux, continuèrent à ne pas nous croire. Qu'y avait-il au Bangladesh ? Une action de développement authentique, comme elles devraient toutes l'être. Un projet bâti par les hommes du pays, qui en connaissaient la culture, pour les paysans les plus pauvres, ceux, précisément, que l'aide internationale devait aider. Nulle idéologie, nulle théorie définie à l'avance. L'action partait de l'observation de la réalité villageoise et se développait progressivement à partir de la base, les leçons de chaque phase étant exploitées pour la phase suivante. Le crédit était le point d'entrée du système, celui qui permettait de mettre en route un processus de développement. Qu'est-ce que le développement ? Une dynamique de production et d'échanges basée sur l'accumulation du capital et du savoir qui permet aux hommes de créer et de partager des richesses.

Le système mis en place par la Grameen Bank était fondé sur deux idées simples :

— La première est que les gens pauvres, souvent traités comme des incapables, ne survivraient pas, s'ils n'étaient pas, précisément, très astucieux et très débrouillards. C'est donc sur leurs compétences et leurs capacités qu'il faut tabler, en leur donnant simplement accès au capital.

— La deuxième est que le crédit est une affaire sérieuse : il doit être remboursé. Faute de garanties réelles, il faut trouver des garanties de substitution. La seule force des pauvres est leur solidarité. La garantie de substitution est fournie en conséquence par un groupe de solidarité de cinq personnes qui se cooptent librement entre elles. La banque leur fait des prêts individuels, mais, si un des membres du groupe ne rembourse pas sa dette, les autres sont privés de crédit. La pression sociale est suffisante pour dissuader les mauvais payeurs. En cas de difficulté réelle, les fonds d'épargne obligatoire gérés par le groupe permettent d'aider l'emprunteur à se sortir du mauvais pas, et par là même de rembourser la banque.

Les groupes de chaque village forment un tout. Ils prennent l'engagement de se réunir toutes les semaines. Pour la Grameen Bank, le seul critère d'admission des groupes est qu'ils soient composés des paysans sans terre, les plus pauvres parmi les pauvres et, comme au Bangladesh les femmes sont les plus démunies, priorité est donnée aux femmes. Deux autres raisons justifient cette préférence : d'une part les femmes remboursent mieux que les hommes et, d'autre part, elles utilisent l'argent gagné pour les besoins essentiels en matière d'alimentation, de santé et d'éducation des enfants, alors que les hommes sont plus tentés de le dépenser pour leur propre plaisir.

Je visitai les villages. Ils ressemblaient aux villages africains par leur pauvreté mais ils étaient moins gais et le grouillement de la population avait quelque chose d'oppressant. Les paysages aussi étaient différents. De grandes étendues coupées par des fleuves aux bras multiples. L'eau qui fascine autant que le feu ou le désert de sable. Une autre incarnation du vide. J'ai discuté avec les femmes. Elles étaient d'une beauté biblique dans leurs saris. En dépit de leur dénuement, elles gardaient une grâce infinie, mais leurs gestes s'étaient affirmés, leurs yeux brillaient d'un autre éclat.

Les conditions de vie modèlent le comportement des gens. La surpopulation croissante des zones rurales avait restreint la surface par exploitation. Elle avait limité en même temps l'utilité économique des femmes qui n'avaient plus à travailler la terre. La dot, payée traditionnellement par l'homme, était désormais versée par la famille de la fiancée. La femme était devenue une charge et, dans une société gouvernée par la faim, les charges sont larguées en cas de difficulté. La religion musulmane s'était coulée dans le moule de la société. La femme était entièrement soumise à l'homme, qui avait tous les droits. Il pouvait la répudier à tout moment et partir à la recherche d'une autre dot.

La Grameen Bank apporta aux femmes les moyens d'exercer une activité économique et de retrouver ainsi leur dignité. Je ne connais pas d'être humain qui puisse affirmer sa dignité en dehors d'une reconnaissance sociale. L'attitude des femmes changea. Celles qui baissaient la tête, le visage à moitié caché par le voile, qui n'osaient pas regarder l'interlocuteur en face, qui étaient incapables d'articuler une phrase en public se tenaient désormais droites, regardaient les autres dans les yeux, parlaient d'une voix claire, racontant le désespoir de leur vie passée et les projets qu'elles formaient pour l'avenir. Je songeais aux expériences du professeur Laborit sur les rats enfermés dans une cage et recevant des électrochocs : le rat dépérit s'il est seul et que la cage est sans issue ; il se bat s'il est enfermé avec un autre rat ; il fuit s'il y a une issue possible. Le prêt de la Grameen Bank avait apporté une issue à des vies sans espoir. Il leur avait donné la dimension de l'avenir.

Les progrès réalisés par les membres de la Grameen Bank se mesuraient en des termes simples : passage d'un repas par jour à deux repas, achat d'un second sari qui permette de laver le premier sans avoir à se cacher dans la case en attendant qu'il sèche. Dans une seconde phase, les projets devenaient plus ambitieux : achat de quelques mètres carrés de terre pour planter des légumes ailleurs que sur le toit de la maison, construction d'une case qui résiste à la mousson, pour laquelle on pouvait bénéficier d'un prêt spécial.

Les activités entreprises étaient d'une diversité extraordinaire. On peut les définir en termes génériques : petit commerce, élevage, artisanat, et cela ne veut rien dire. Il faudrait raconter toutes ces histoires de vies :

— Aîssa, la vieille mendiante qui va de porte en porte vendre des rubans et des boutons. Elle a eu peur d'emprunter une grosse somme. Son premier prêt, elle l'a limité à l'équivalent de cinquante francs. Jamais elle n'avait possédé autant d'argent. Elle a tout remboursé et emprunté le double. Avant, elle était mise à la porte par les paysans. Les plus généreux, ceux qui pratiquaient le « zakhat »*, lui donnaient parfois un bol de riz. Jamais un sourire. Désormais, elle est reçue avec intérêt. On la traite en égale.

— Sajiran n'avait pas de maison. Elle vivait dans une pirogue avec son mari et ses enfants. De l'eau, toujours de l'eau. Celle du fleuve et celle de la mousson. Elle en était prisonnière. Ils pêchaient à l'hameçon. Le prêt lui a permis d'acheter des filets. Le produit de leur pêche a décuplé. Ils ont acquis un lopin de terre. Pour la première fois de sa vie, Sajiran est habitante de cette Terre à part entière.

— Romisha Begum était répudiée par son mari. Elle vivait avec ses enfants chez son frère. On lui faisait durement sentir qu'elle était une charge. Les enfants avaient faim. Elle a acheté un métier à tisser. Ses saris sont les plus beaux du village. Ils ont la couleur de ses rêves. Elle n'a pas de mal à les vendre. Ses enfants ont le ventre plein. Romisha est

* Dîme donnée aux pauvres conformément aux principes de l'islam.

respectée. Bientôt un prêt de la Grameen Bank lui permettra de bâtir sa propre maison.

— Aleya était veuve. Elle attrapait des cobras pour les charmeurs de serpents. Il lui fallait des drogues pour les endormir. Leur morsure est mortelle. L'usurier du village lui faisait des prêts à 10 % par semaine pour acheter la drogue. Une fois le prêt remboursé, elle ne gagnait presque rien. De quoi survivre misérablement. Grâce au prêt de la Grameen Bank, elle gagne bien sa vie. Son fils va à l'école du village créée par les membres de la banque. Ensuite il pourra aller dans une école de la ville. Il vivra une vie plus heureuse qu'elle.

— Bobirani et son mari étaient des paysans sans terre. L'inondation n'a pas recouvert leurs champs et ne les a pas empêchés de semer leur riz. Elle leur a donné l'idée de construire des radeaux et de créer des pépinières flottantes. Dès que la crue baissera, les paysans leur achèteront des plants de riz pour les repiquer dans leurs champs. La pauvreté, c'est comme cela. On n'a pas de terre mais on a des idées !

Il y avait aussi des groupes de paysans. Dans ce pays où la sécheresse est un fléau aussi grave que l'inondation, il y a partout des forages. Ils ont été faits par une société d'État. La plupart ne servent à rien. C'est une autre société qui est chargée des réseaux d'irrigation. Les deux sociétés ne communiquent pas entre elles. Les tuyaux verticaux et les tuyaux horizontaux ne communiquent pas non plus. Grâce à un prêt de la Grameen Bank, un groupe de paysans peut acheter ou louer le forage, installer une pompe et vendre l'eau à ceux qui possèdent la terre. Avant, dans le village il y avait ceux qui étaient propriétaires de la terre et ceux qui n'avaient rien. Maintenant, il y a ceux qui disposent de la terre et ceux qui fournissent l'eau. Ils ont trouvé un nouvel équilibre d'échange et de respect mutuel.

L'organisation de la Grameen Bank est conçue en fonction de la clientèle. Chaque agence couvre environ 200 villages. Des agents à bicyclette vont dans les villages participer aux réunions hebdomadaires lors desquelles les emprunteurs reçoivent leurs prêts et remboursent leurs dettes.

C'est une des rares institutions au monde où la majorité des membres du conseil d'administration est constituée par des paysans pauvres, illettrés, élus par leurs pairs. Ils sont beaucoup plus rigoureux que les représentants de l'État. Au moment des grandes inondations, ces derniers avaient immédiatement parlé de l'annulation des dettes. Ils pensaient que les gens ne seraient pas en mesure de rembourser. Mais les représentants des paysans ne furent pas d'accord : « Il n'en est pas question. Vous êtes des fonctionnaires. Vous serez toujours payés, même si la banque a des difficultés. Mais pour nous, c'est notre moyen de survie. Il faut que les emprunteurs remboursent, coûte que coûte. »

Contrairement aux prévisions pessimistes, le marché se développe en même temps que la production et les échanges. Les revenus des uns créent, en fait, le marché des autres. Arrogance de la mémoire ! N'est-ce pas comme cela que les campagnes se sont développées chez nous ?

La Grameen Bank connaît une croissance rapide : créée officiellement en 1983, à partir d'un programme d'action-recherche lancé en 1976, elle comptait 220 000 membres en 1987, lors de notre visite. Elle dépasse aujourd'hui 1,5 million et le taux de remboursement des prêts est toujours de l'ordre de 97 %.

L'organisation de la banque combine l'adaptation à une clientèle très spécifique et le professionnalisme bancaire de haut niveau. Il faut quinze jours pour qu'une paysanne pauvre au fin fond de la campagne reçoive un prêt. À l'époque de la monnaie électronique, cela paraît élémentaire. Mais pourquoi, pourquoi ne le fait-on pas partout ?

Le transfert du crédit solidaire en Afrique

LORSQUE, rentrant du Bangladesh, je proposai de transférer l'approche de la Grameen Bank en Afrique de l'Ouest, tout le monde leva les bras au ciel. L'Afrique était trop différente de l'Asie. Il n'y avait pas la même densité de population, pas la même culture. Le marché était trop limité. Les cadres locaux inadaptés. Il n'y avait pas la moindre chance que la greffe puisse prendre.

Est-ce un manque d'imagination ou l'asservissement au « gros animal » qui fait que les hommes ont toujours peur de s'engager dans des chemins nouveaux ? Dans la coopération, comme dans la fable de Platon, chacun avait sa fonction : l'un lui peignait la crinière, l'autre lui grattait la peau, le troisième lui curait les ongles. Personne n'avait envie de changer de rôle. Même si le « gros animal » dépérissait à vue d'œil, il cachait obstinément le chemin de la vérité à ceux qui remplissaient auprès de lui des fonctions parcellaires.

Moi, je croyais à l'approche dialectique, à la fécondation croisée, à la méthode expérimentale. Au firmament de mes prophètes, Simone Weil et Francis Bacon avaient rejoint Erasme et Kierkegaard. Leur avis avait plus de poids que celui des hommes prisonniers de leur fonction. « They are bad discoverers who say there is no land when they see nothing but sea », disait Bacon, « La conscience est abusée par le social. L'énergie supplémentaire [imaginative] est en grande partie suspendue au social. Il faut l'en détacher. C'est le détachement le plus difficile », constatait Simone Weil. Même si l'expérience échouait, l'enjeu valait la peine d'essayer. Une approche nouvelle contrebalancerait les idées reçues et ce serait autant de gagné.

Aller à contre-courant n'était pas pour autant chose facile. Peut-être aurais-je abandonné l'idée et me serais-je rangée à l'opinion générale, si je n'avais, imprimé au plus profond de moi, l'esprit de la Résistance. Tous ceux que j'avais aimés et admirés dans mon enfance s'étaient battus pour une cause perdue et certains y avaient laissé leur vie. Les causes perdues étaient les seules qui m'intéressaient et dans l'univers du développement, le crédit aux pauvres en était bien une. Certes, je ne risquais pas ma vie, mais aller à contre-courant comporte un risque de mort professionnelle. L'administration n'est ni une profession libérale ni un métier d'artiste. C'est une grande machine dont tous les rouages tournent dans le même sens et produisent massivement les mêmes effets.

La coopération avec l'Afrique avait donné lieu à tant de déboires, que beaucoup de mes collègues étaient devenus sceptiques. Ces échecs étaient souvent dus à l'inadéquation des solutions proposées, mais il était plus facile d'en rendre responsables l'Afrique et les Africains et de se réfugier dans une sorte de fatalisme. J'avais besoin d'alliés, mais ils furent peu nombreux. La passion effraie et dérange et ma passion mettait trop en cause l'ordre établi.

Mon vrai allié dans le combat pour la banque des pauvres, était Joseph Czapski. Il n'avait rien à voir avec la coopération mais je l'aimais et il me faisait confiance. Joseph était peintre et écrivain. Il avait une grande silhouette de près de deux mètres de haut, pas loin de cent ans et une intelligence rayonnante de bonté. Il était né à la fin du XIXe siècle à la frontière orientale de la Pologne que l'on appelait « kresy », « les confins ». Les confins étaient notre patrie commune. Ce seul mot me fit toujours rêver. Dans l'imaginaire collectif des Polonais, il voulait dire sans doute le bout du monde civilisé, la limite au-delà de laquelle commençait la barbarie orientale. Pour moi, et pour Joseph, cela a toujours été une frontière à dépasser. Ignorant que la terre était ronde, je crus, pendant les premières années de ma vie, qu'elle s'arrêtait effectivement au-delà des confins. Pour aller plus loin, il fallait faire un saut dans le vide. Sentiment prémonitoire. Encouragée par Tante Julia, toute ma vie, je n'arrêtai pas de faire des sauts dans le vide.

Joseph, lui, était un expert en la matière. Né dans une famille de la noblesse liée à la grande internationale des aristocrates, il fut élevé à l'École des Pages * et vécut la révolution d'Octobre à Saint-Pétersbourg. Quand il parlait de la vague d'espoir et d'animation que la Révolution avait suscitée dans les rues avant de s'effondrer dans la famine et la terreur, j'avais le sentiment de tenir dans mes mains un peu d'histoire.

Admirateur de Tolstoï et pacifiste convaincu, Joseph n'échappa pas aux deux guerres. Prisonnier dans le camp de Starobielsk, un des rares rescapés de Katyn **, il préserva sa liberté en faisant des conférences sur Proust à ses compagnons. Je l'imaginais, décharné et couvert de poux, parler des amours de Swann dans le baraquement glacial où ils étaient gardés. C'était un moyen délicieusement absurde de résister à la déchéance, une exploitation de l'œuvre littéraire à laquelle Proust lui-même n'aurait jamais songé. Une réaction plus élaborée encore que celle d'Épictète, qui, au lieu de gémir sous les

* École réservée aux fils de la noblesse russe.

** Lieu où Staline fit assassiner plusieurs milliers d'officiers polonais en accusant l'armée allemande du massacre.

coups de son maître, constatait simplement « tu vas casser le bâton ».

J'allais souvent voir Joseph dans sa chambre-atelier à Maisons-Laffitte pour parler des sujets essentiels. C'était le seul homme avec lequel je ne me heurtais jamais à un mur. Il avait l'esprit totalement ouvert, et comme illuminé par la chaleur du cœur. Il ne faisait pas de phrases inutiles. Chacune de ses expressions était authentique. Sensible à la souffrance, il ne connaissait ni la résignation ni l'amertume. Il peignait la solitude, la vieillesse, la vanité, la détresse et, sous son pinceau, la laideur devenait beauté, la souffrance, le désespoir s'ouvraient sur la joie. Le ciel de ses paysages était chargé de lourds nuages noirs, transpercés de fulgurants rayons de soleil. Ses natures mortes étaient des témoignages d'attention à des objets modestes. Presque des prières. Elles donnaient vie au quotidien, à l'insignifiant.

J'aimais sa peinture parce qu'elle ne trichait jamais. Elle était le résultat d'une vision intérieure. Et j'aimais Joseph parce qu'il donnait un sens à la vie sans essayer de nier le chaos du monde, sans accepter l'injustice ni s'enfermer dans une doctrine. Plus que tout autre, il était à la fois lucide et bienveillant.

Joseph fut, dès le début, un supporter convaincu de la banque des pauvres. Il posait son pinceau et m'écoutait raconter mes idées et mes déboires. Il m'interrogeait anxieusement sur les gens avec qui je travaillais : « Ma chérie, es-tu sûre qu'ils sont honnêtes ? Veulent-ils, ou ne veulent-ils pas vraiment, aider les pauvres ? Il faut que tu te battes ! Il faut que tu leur expliques, encore une fois, ce que tu veux faire ! »

Il s'enthousiasmait pour chaque pas en avant mais ne se décourageait jamais, quelle que soit l'étendue du désastre que je lui relatais. « Il n'y a pas de lumière sans ombre », disait-il, « et on ne sait pas ce qu'est la lumière. Dans un tableau de Rembrandt la petite flamme vacillante éclaire autant que le plein soleil dans un tableau de Monet. »

Sa voix, haut perchée, avait des accents chantants. Une voix qui vous touchait au fond du cœur, comme d'autres vous écorchent ou glissent en surface, sans accrocher vraiment. Il m'aida par son exemple — c'était un homme lumineux — mais aussi par sa foi dans le projet et dans ma capacité de le réaliser. La puissance de la confiance que l'on met en vous, je l'ai expérimentée sur moi avant de la constater chez les clients de la banque solidaire. Les événements sont souvent inconsistants et, tout à coup, une prise de conscience, un acte de volonté, un geste d'amitié et d'encouragement les précipitent, les cristallisent, les nouent. Prévoir le pire n'est-il pas une façon d'orienter le cours de l'histoire comme le lit desséché d'un oued appelle la crue ? Avoir confiance dans la réussite — et c'est difficile si on est seul à y croire — est le premier pas vers le succès.

En dehors de mon penchant pour les causes perdues et de la confiance affectueuse et gratuite de Joseph Czapski, si éloignée de la réalité dans laquelle je me débattais, j'avais une autre raison de ne pas abandonner mon idée : mon attachement aux paysans d'Afrique. On ne se lance pas dans l'aventure par raison, mais par amour. Les réalistes ne créent pas parce qu'ils refusent la part du rêve. L'avenir leur échappe car ils ne savent que prolonger les tendances du passé. Ce furent les rêves de vaches maigres de Joseph, celui de la Bible, et non pas des modèles mathématiques qui préservèrent l'Égypte de la famine. Dans l'univers du développement qui est, par essence, une construction d'avenir, il faut avoir la foi et accepter de prendre le risque.

J'aimais physiquement l'Afrique. Son horizon d'absolu. Le vent de sable qui souffle sur la brousse et lui donne une apparence d'irréel. Le soleil blanc, qui fait scintiller les particules de sable. Les femmes qui tirent l'eau du puits et qui, dans cette lumière argentée, apparaissent comme les figures d'un songe. Le troupeau qui émerge de la brume, déchirant le rideau de sable.

J'aimais les villes du désert, Chinguetti, ville sainte de l'Islam, à moitié engloutie par les dunes, Agadès, aux maisons anciennes ornées d'arabesques. J'avais le cœur serré en voyant les

Touaregs, la beauté pure de leur silhouette, chèche indigo et boubou bleu flottant au vent, camper autour de la ville, en rêvant de repartir dans le désert. S'ils ne trouvaient pas les ressources pour reconstituer leurs troupeaux, ils iraient grossir le nombre des habitants de bidonvilles et celui des hommes libres, de plus en plus rares sur cette terre, diminuerait en proportion.

J'aimais la chaleureuse atmosphère des villages. Les femmes qui me prenaient le bras. Les enfants qui se frottaient à mes genoux, l'odeur âcre des cases, le feu autour duquel on s'installait le soir, le son du tam-tam qui scandait le cours du temps et le chant des griots qui racontait la gloire des clans, à l'aune des valeurs anciennes. J'étais touchée au cœur par ce sentiment de fraternité qui existait encore en brousse et qui m'avait aidée à accepter le monde tel qu'il est. La solidarité s'érodait en ville au contact d'une civilisation asservie à l'argent, mais la chaîne en restait vivante et transparaissait, sous une forme souvent pervertie, dans le comportement de ceux qui étaient passés dans l'orbite du monde occidental.

J'aimais l'intelligence intuitive des Africains. Cette capacité de sentir au-delà des phrases, et qui simplement joue le jeu de la coopération. De savoir que tous ces plans d'ajustement ne sont que des histoires de Blancs. Qu'on peut singer les Blancs pour leur faire plaisir, mais que la réalité africaine, celle de la tradition, de la solidarité et du bon sens paysan, est ailleurs. Oui, j'aimais les Africains, même à travers leurs faiblesses, tant qu'ils en avaient une conscience lucide. Et j'avais une dette personnelle de reconnaissance à l'égard des paysans africains, comme j'avais une dette professionnelle à l'égard de l'Afrique. Je n'avais pas beaucoup contribué, depuis trente ans, à son développement et je voulais, avant de m'en aller, apporter un soutien positif, si limité soit-il, à ses habitants.

Depuis des années, je m'interrogeais sur l'efficacité de l'aide. Comme tout ce qui est juste, la coopération porte, en elle-même, ses effets pervers. Elle limite l'espace de liberté de ceux qui en bénéficient et donne un poids excessif à l'argent, par rapport à l'idée et à l'effort. L'aide des États aux États est le plus souvent le support artificiel apporté par une bureaucratie à une autre. Elle constitue une sorte de rente, de l'argent facile placé dans des investissements de prestige ou gaspillé dans les dépenses courantes d'une administration par nature croissante. Pire, cet argent coupe l'élite qui en dispose (et qui a la tentation irrésistible d'en disposer à son profit) du peuple qu'elle est supposée servir.

Dans le domaine du crédit, l'échec de l'aide

étrangère avait été total : les banques de développement, décalquées sur celles des sociétés industrielles, ne répondaient pas aux besoins d'une économie largement informelle. Détournées au bénéfice du secteur public elles étaient quasiment toutes en état de faillite. À la base de l'échec se trouvait un double mépris de l'homme : d'une part cette croyance absurde que le capital, et non pas l'entrepreneur, est le moteur de développement ; d'autre part le manque de discernement total à l'égard des micro-entrepreneurs potentiels, comme si une vitre opaque séparait le monde des paysans et du petit peuple des villes, qui en étaient le vivier, de celui des experts et des financiers.

On ne voit vraiment que ce qu'on veut regarder. L'usure est un phénomène connu en Asie. Elle n'a jamais été prise en compte en Afrique. Ceux qui ne s'y étaient jamais intéressés affirmaient qu'elle n'existait pas. J'interrogeai patiemment les chercheurs, je posai la question aux paysans dans les pays que je visitais et, peu à peu, je vis émerger une réalité très différente : il y avait bien sûr les tontines qui collectaient et redistribuaient l'argent des membres. Certaines faisaient des prêts à des taux variant de 50 à 180 %. Il y avait ensuite les garde-sous. C'étaient les hommes respectés dans les villages, qui avaient la charge de protéger l'argent des termites, mais aussi de la tentation du gaspillage. Ils ne payaient pas de taux d'intérêt sur les dépôts mais reprêtaient l'argent à court terme en percevant une rémunération. Il y avait les commerçants et les fonctionnaires qui, dans les régions où la terre était saturée, la prenaient en gage, les années de sécheresse et de famine, contre des prêts assurant la survie de la famille. Généralement les paysans n'étaient pas capables de rembourser le prêt et perdaient la terre, tout comme les nomades perdaient leurs troupeaux mis en gage pour la même raison. Il y avait enfin des cas fréquents, en période de soudure, où la récolte était achetée sur pied au tiers de sa valeur, soit un taux d'intérêt de l'ordre de 100 % par mois !

Tout cela, je l'avais noté et analysé dans ma tête, mais je ne l'ai vraiment senti et réalisé que le jour où j'ai rencontré Moussa, le cireur de chaussures. C'était à Bobo Dioulasso, au Burkina. J'étais là, en mission, et j'attendais dans le café de l'hôtel que l'heure de la sieste soit finie. Moussa s'approcha de moi pour me proposer de cirer mes chaussures. Elles étaient en toile et ne s'y prêtaient pas, mais cela ne nous a pas empêchés de discuter :

« Combien tu prends pour cirer les chaussures ?

— Deux cents francs C.F.A.

— Et tu gagnes combien dans la journée ?

— Trois cents francs.

— Tu cires trois chaussures ?

— Non. Le tarif pour les Africains n'est pas le même que pour les Blancs.

— Et qu'est-ce que tu fais de ton argent ?

— Je garde la moitié pour manger du riz et je donne la moitié au patron.

— Qui est ton patron ?

— C'est le propriétaire de la brosse et du cirage. »

Le discours de Moussa a été un vrai choc. C'était la version africaine de la théorie de la plus-value de Karl Marx. Comme l'usurier du Bangladesh, le patron burkinabé confisquait toute la plus-value du travail de Moussa. Il lui laissait de quoi se nourrir pour entretenir la force de travail à sa disposition. Pourtant, dans le cas des micro-entrepreneurs africains, la solution était plus facile à trouver que pour les prolétaires du XIXe siècle prisonniers d'un système de production centralisé : un prêt de cinq mille francs C.F.A., équivalant à cent francs français, suffirait à changer la vie du cireur de chaussures, à doubler son revenu, à lui ouvrir la possibilité d'épargne et d'investissement.

À partir de cette rencontre avec Moussa, j'ai compris à quel point la crise des institutions bancaires occultait celle, plus grave, du crédit qui ne jouait pas son rôle dans le développement de l'économie et j'essayai d'explorer une nouvelle approche dans le secteur rural. Comme les banques de développement, les banques agricoles étaient inspirées directement des modèles des pays industriels. Le crédit, diffusé à travers des projets agricoles dirigés par l'assistance technique, avait été d'abord considéré comme la clef du développement, puis comme un grand échec engouffrant d'énormes sommes d'argent. Ce rejet était mal fondé. L'erreur n'était pas dans la conception du crédit, instrument créateur de richesse. Elle se trouvait dans le mode d'emploi.

Trois biais majeurs avaient marqué le développement du crédit en Afrique :

— Le premier pourrait être appelé le biais ethnocentrique. À chaque étape du développement de l'économie a correspondu un système financier différent. Les techniques bancaires telles qu'elles sont pratiquées dans les pays où la tradition écrite est ancienne, et l'économie monétarisée fondée sur la propriété individuelle n'ont pas de sens dans des pays où la population rurale est largement analphabète, l'économie basée sur l'autoconsommation et où les droits fonciers ne sont pas enregistrés de façon formelle. Était-il raisonnable, dès lors, de transplanter un système de crédit, fruit d'un long ajustement, à l'évolution économique et culturelle des sociétés industrielles dans des contextes aussi différents ? C'est ce qui s'est passé lors de la création des grandes banques de développement et l'Afrique a lourdement payé ces erreurs d'appréciation.

— Le second était le biais centralisateur. Il

était lié à une période de développement marquée par l'accession à l'indépendance, et par la foi en une planification centrale qui dépassait largement les frontières des pays communistes. Un biais particulièrement grave car le crédit, créateur de richesse, est aussi créateur de pouvoir. En distribuant le crédit agricole à travers des projets de développement, l'État accorda un pouvoir démesuré aux technocrates sur les paysans. Sans même s'en rendre compte, on créa ainsi en Afrique un modèle de libéralisme centralisé. Il ne faut jamais oublier l'alchimie des mots. Le mot crédit vient du latin *credere*, qui veut dire croire. Faire crédit sans faire confiance est une absurdité, et pourtant en Afrique, dans des économies dites libérales, le crédit avait été utilisé pendant longtemps comme un instrument de planification centrale. L'emprunteur, l'objet du prêt, le prix de l'argent étaient définis de façon centrale. L'effondrement de cette vision étriquée du crédit n'a été qu'une conséquence mineure du grand effondrement de l'économie centralisée, d'autant plus mineure que le crédit n'avait touché, en fin de compte, qu'une portion limitée de la population rurale.

— Le troisième biais était d'ordre caritatif. Le crédit est une dette, et comme telle il doit être traité avec rigueur. Mal utilisé, il peut mettre en difficulté l'emprunteur. Impayé, il met en péril l'organisme prêteur. Il est un mécanisme d'allocation de ressources dans l'économie et il ne doit pas, à travers des taux d'intérêt subventionnés, introduire des distorsions dans l'allocation de ces ressources. Il est une affaire de professionnel et si un professionnel de la finance n'est pas nécessairement un banquier en col blanc, ce n'est sûrement pas un homme qui, pour aider les uns, joue allégrement avec l'argent des autres.

Tout compte fait, il n'y avait qu'une façon de bâtir un crédit adapté aux besoins et aux contraintes des paysans africains, c'était bien de le construire à partir de la base, comme l'avait fait la Grameen Bank au Bangladesh, en testant progressivement les méthodes et les procédures. Cela permettait une démarche beaucoup plus syncrétique que les schémas conventionnels mettant en place des institutions fondées sur des modèles extérieurs.

J'ai persuadé l'institution où je travaillais d'inviter un des directeurs de la Grameen Bank, Muzammel Huq, à faire un tour au Burkina et au Mali. En roulant à travers la brousse vide et desséchée, il se demandait pourquoi la France avait conquis ce pays. Ce n'était certes pas pour la richesse, ni pour la gloire. Dans le Sahel, le zèle des militaires avait précédé la volonté de colonisation. Le motif des guerres, quelles qu'elles soient, est souvent incompréhensible :

en traversant la zone qui avait été, en 1985, objet d'un conflit d'opérette entre le Mali et le Burkina, conflit qui fit néanmoins des morts, nous découvrîmes sa seule richesse : un vieux poteau portant l'inscription : « HAUTE-VOLTA » périmée depuis longtemps, qu'aucun des deux belligérants voulant dominer ces quelques arpents de sable n'avait pris la peine d'enlever.

Nous nous arrêtions dans les villages. Sous l'ombre des manguiers, les paysans s'installaient pour la réunion. Les vieux portaient le boubou, mais certains avaient abandonné leurs vêtements traditionnels et arboraient des vestes déchirées et d'horribles casquettes à carreaux provenant de la friperie américaine. Plus que les jeunes, ils personnifiaient la déchirure entre les mondes ancien et nouveau. Ce qui était vérité jadis, solidarité du clan, prévoyance, autorité des anciens, avait volé en éclats devant l'attrait de l'argent, un pouvoir politique assis sur l'aide étrangère, habillé d'un langage révolutionnaire qui ne correspondait pas à la réalité vécue.

« C'est une curieuse perversion intellectuelle, dis-je à Muzammel, que de faire la révolution au nom d'un peuple pour qui le concept même est étranger. »

En langue nationale, un impérialiste se disait « mauvais Blanc » et le représentant de l'État « Noir-Blanc ». Un grand panneau installé devant l'aéroport de Ouagadougou, du temps de Sankara*, annonçait « Bienvenue au Burkina, le tombeau du capitalisme », et les journaux prônaient « le requiem non stop de l'hypocrisie bourgeoise », mots dont le sens était intraduisible dans les langues vernaculaires.

Je me sentais proche de ces vieux sages, déjà étrangers dans une société qui subissait à son tour et de façon bien plus tragique encore « la grande transformation** ». J'étais émue par leurs mains calleuses, leurs boubous déchirés, leur tristesse d'un monde à jamais perdu. De leurs pieds poussiéreux, ils avaient arpenté la brousse. Leurs bras avaient manié la « daba », jusqu'à se rompre. Leurs corps s'étaient desséchés de famine en famine et leurs yeux à demi éteints ne discernaient plus l'avenir. Depuis des siècles, l'ajustement de l'Afrique sahélienne était assuré par des migrations. Les nomades se déplaçaient en fonction des pâturages, les jeunes gens partaient pendant la saison sèche vers la côte. Et voilà que des frontières artificielles créées par des Blancs bloquaient ces migrations naturelles. Voilà que la radio déversait des flots de paroles sur les programmes d'ajustement que seuls les Blancs ou les Noirs-Blancs pouvaient comprendre !

Nous discutions avec les paysans. Oui, ils

* Président du Burkina de 1983 à 1987.

** Titre de l'ouvrage de Karl Polanyi, pour qui l'avènement du capitalisme a entraîné un mode de croissance rapide, mais a provoqué en même temps la destruction du lien social.

manquaient d'argent. S'ils avaient de l'argent, ils pourraient développer des activités pendant la saison sèche. Élever des moutons pour les revendre pour la Tabaski*, ou bien faire le commerce de la cola, ou bien encore acheter une pompe et irriguer à partir du puits. Les femmes surtout étaient très actives. Souvent elles avaient déjà une tontine. Elles mettaient en commun vingt francs C.F.A. par semaine et, comme elles étaient une dizaine par groupe, elles pouvaient disposer de deux cents francs C.F.A. à tour de rôle. À l'idée d'un prêt plus important, leurs yeux s'allumaient. Chacune partait dans son rêve, comme Perrette avec son pot au lait. Aïssata achèterait du mil et ferait du « dolo », qui était une sorte de bière. Fatima élèverait des pintades et les vendrait à la ville. Binta fabriquerait des beignets et les porterait au marché. Beaucoup d'hommes étaient partis, avec la sécheresse. Ils cherchaient du travail à la ville. Certains même allaient jusqu'en France. Parfois ils envoyaient des mandats. Parfois on n'en avait plus de nouvelles. Les femmes restaient dans les villages avec les vieux et les enfants qu'elles avaient la charge de nourrir.

Nous discutâmes avec les banquiers. Ils raisonnaient en banquiers conventionnels. En dehors de la zone cotonnière où ils faisaient des prêts de campagne remboursables sur la récolte,

* Fête musulmane.

ils ne voyaient pas de crédit possible. Les villages étaient trop pauvres. Pas de culture, de rente, pas de revenu, pas de garantie. Ils n'essayaient pas de décoder la réalité. Ils n'essayaient pas de voir comment les gens subsistaient par une multitude de petites activités. Les agronomes non plus. Ils étaient habitués à raisonner sur des filières agricoles. Ils ne voyaient pas le budget de l'exploitation dans son ensemble. Ils connaissaient le crédit agricole, dont ils fixaient eux-mêmes l'objet. Ça n'avait pas très bien marché. Ils ne voulaient pas entendre parler du crédit rural, dont l'utilisation plus large, englobant toutes les activités génératrices de revenus, serait laissée à la disposition des paysans.

Arrivant à Ouagadougou au terme d'un long périple à travers la brousse, j'étais si épuisée par ces discussions où chacun campait sur ses positions, que j'étais prête à abandonner. Depuis des siècles, dans tous les pays du monde, les paysans tiraient leur subsistance de l'agriculture et leur revenu monétaire des activités non agricoles, mais même cela, nos interlocuteurs ne voulaient pas le reconnaître. Muzammel était, lui aussi, découragé. Le miracle arriva sous forme d'une double rencontre. D'une part, Muzammel tomba dans l'ascenseur de l'hôtel sur l'un des bailleurs de fonds de la Grameen Bank qui fut furieux d'apprendre que celle-ci s'aventurait en Afrique sous une autre bannière que la sienne. C'était d'autant plus inattendu que la Grameen Bank est un des rares projets de développement qui furent entièrement montés par les nationaux, l'aide apportant la ressource financière, sans plus. Ce sentiment de possession exaspéra Muzammel et le rendit combatif. D'autre part, je rencontrai dans le même hôtel deux camarades à qui je fis part du blocage. Nous dînâmes tous ensemble et l'un de mes amis parla, mine de rien, des petits métiers que l'on pouvait développer en brousse. L'autre, dont le grand-père avait fondé le Crédit mutuel en Alsace, parla de façon tout aussi détachée du rôle du crédit dans la modernisation de l'agriculture en France. À aucun moment ils n'évoquèrent notre mission, mais je vis l'attitude des « conservateurs » changer sous mes yeux. Le revirement eut lieu au dessert. C'est l'un d'eux qui déclara qu'à la suite de notre mission il serait souhaitable de tester l'approche de la Grameen Bank en Afrique.

Ayant ouvert la brèche, il fallait progresser. Nous organisâmes deux voyages de banquiers africains au Bangladesh. Deux d'entre eux, le gouverneur de la Banque centrale de Guinée et le directeur général de la Caisse nationale de crédit agricole du Burkina, acceptèrent de soutenir le lancement des projets expérimentaux. L'un de ces projets commença dans le Yatenga, région la plus aride du Burkina, dans le cadre de Sahel-Action, une association créée à l'initiative d'un chercheur, Konrad Ellsasser.

Les projets reprirent, en les adaptant, les principes appliqués par la Grameen Bank :

— La banque prête aux pauvres. Ce sont eux qui, par définition, ont le plus besoin de capital pour pouvoir valoriser leur force de travail et leur capacité d'entreprise. Dans les villages africains, tous les paysans sont pauvres mais les deux catégories les plus démunies de la population sont les femmes et les jeunes.

— Le capital est fragmenté pour répondre aux besoins et aux capacités de remboursement de la clientèle. L'Afrique a été le champ d'expérimentation préféré des grands projets de développement, le résultat majeur en a été d'augmenter vertigineusement sa dette. Il est indéniablement plus facile de fractionner le capital pour l'adapter aux capacités de gestion et à la dimension des marchés locaux que d'adapter les entrepreneurs et les marchés à des modèles de production disproportionnés.

— Les clients doivent avoir la liberté d'entreprendre les activités qui leur paraissent les plus rentables. Le développement des activités non agricoles, en augmentant et stabilisant le revenu de la famille, permet, dans un second temps, d'améliorer l'agriculture, activité de subsistance qui ne présente pas la rentabilité nécessaire pour rembourser le crédit.

— La solidarité sociale est la base de la garantie bancaire. Le groupe solidaire n'aurait, *a priori*, aucune peine à s'adapter en Afrique. Il pourrait se caler naturellement sur la tradition des tontines.

— La banque est une banque de proximité. Le suivi des clients est fait dans les villages et dans les quartiers. On revient aux origines. Le mot « banquier » vient du banc sur lequel il opérait au Moyen Age.

— Le crédit précède l'épargne. Pour les gens les plus pauvres, partir de l'épargne n'a pas de sens. Il faut la prélever sur le revenu créé grâce au crédit. On retrouve, au niveau du village, une approche keynésienne, basée sur la relance par la demande.

— Le montant du taux d'intérêt est moins important pour les paysans que l'accès au crédit. Comme la rentabilité des petits projets est très forte, il peut monter facilement à 20 % ou 30 % par an, ce qui est dix fois moins que le crédit usuraire.

— L'objectif à terme est d'assurer l'équilibre financier du système, ce qui est possible grâce précisément à une marge bancaire conséquente.

Les projets furent lancés en 1988 avec l'appui de la Caisse Centrale de Coopération Économique. Ils ont dépassé le stade expérimental et s'étendent en tache d'huile d'une région à l'autre. Le taux de remboursement est proche de 100 %. En revenant dans le Yatenga, deux ans après, j'ai vu la longue file des femmes qui venaient rembourser leur échéance mensuelle de cent francs C.F.A., le bébé attaché dans le dos. Au moment des inondations, elles n'hésitaient pas à traverser la rivière à pied pour ne pas être en retard. J'ai participé aux réunions. Comme au Bangladesh, j'ai été frappée par la lueur d'espoir qui brillait dans les yeux des bénéficiaires, par l'excitation avec laquelle elles parlaient de leurs activités et de leurs projets futurs. Elles ne savaient ni lire, ni écrire, mais cela ne les empêchait pas de mettre au point des stratégies dignes de grands financiers et de faire des calculs élaborés. Ainsi, par exemple, avec un prêt de dix mille francs C.F.A., Aïssata Barry parvenait à monter deux lignes de production. Elle consacrait sept mille francs à l'acquisition d'un mouton. Une fois engraissé, le mouton lui rapportait vingt et un mille francs, qu'elle réinvestissait aussitôt dans l'achat d'un veau. Aïssata était peule et son objectif était de reconstituer progressivement le troupeau décimé pendant la sécheresse. Parallèlement à cet investissement à long terme, elle en faisait un autre, de rentabilité plus immédiate : avec trois mille francs C.F.A. elle achetait de l'huile et préparait du savon. La vente du savon lui rapportait chaque semaine un bénéfice de six cents francs, dont elle prélevait deux cents francs pour le remboursement du prêt et cent cinquante francs pour l'alimentation du mouton. Il lui restait deux cent cinquante francs, qu'elle utilisait pour nourrir la famille *. Bien que les sommes en jeu paraissent ridicules vues d'Europe, dans l'économie faiblement monétarisée du Yatenga, elles étaient considérables. Multipliées par un grand nombre, elles permettaient à la fois d'élargir le marché pour les autres producteurs locaux et d'amorcer un processus d'accumulation d'épargne.

Comme au Bangladesh, la diversité des projets était inouïe. L'accès au crédit libérait les capacités d'invention et d'entreprise des paysans. Après avoir monté des projets individuels, les femmes rêvaient à des projets plus ambitieux. Elles voulaient se mettre à plusieurs pour acheter le mil à Bobo Dioulasso, au moment de la récolte et le revendre dans la région au moment de la soudure, lorsque les prix triplaient.

Plusieurs faisaient des beignets et je m'inquiétai de savoir si le marché local n'était pas saturé. « Non, expliquèrent-elles, nous nous sommes partagé le marché. Certaines restent au village et d'autres vont à la mine d'or. »

Je fis un tour à la mine. Dans un paysage lunaire, des hommes creusaient des puits profonds. Aucune précaution n'était prise. Beaucoup y laissaient leur vie, ensevelis par des éboulements. Peu trouvaient des pépites d'or.

* Exemple cité par Konrad Ellsasser.

Mirages de chercheurs d'or, mirages d'éléphant blanc. Non, vraiment, je préférais le développement organique à partir de la base où l'argent n'était que le moyen nécessaire, pas le but.

Le crédit au service de l'insertion

Le succès du crédit solidaire en Afrique mais aussi la résistance rencontrée en chemin me donnèrent l'idée de le tester en France. Le problème n'était pas le même. L'exclusion est une pauvreté insidieuse, car elle prive les hommes des moyens d'agir. Après les avoir réduits à l'impuissance, elle les met dans la dépendance totale de la société à travers des mécanismes d'aide qui leur permettent de survivre mais leur enlèvent la maîtrise de leur destin. La rançon du capitalisme est cette destruction des valeurs d'une société, la disparition des liens sociaux, la perte d'accès au droit le plus élémentaire, qui est le droit à l'initiative économique.

J'avais déjà publié des articles sur la Grameen Bank qui avaient rencontré un certain intérêt dans les milieux d'économie sociale et j'ai cru avec beaucoup de naïveté que ceux qui aimaient l'idée seraient prêts à l'introduire dans la réalité. Je fis le tour des organisations travaillant dans le domaine de la pauvreté pour leur proposer de monter un programme expérimental. On trouva l'idée passionnante, mais pas très réaliste. La pauvreté en France n'avait rien à voir avec celle du Bangladesh ou du Burkina-Faso. Il y avait des banques pour prêter de l'argent. Mais fallait-il vraiment prêter de l'argent à des ménages déjà surendettés ? Les associations devaient apporter une aide sociale et ne pas s'engager sur le terrain de l'économie. Aucune n'avait vraiment envie de se lancer.

Je me souviens d'une visite à l'une de ces organisations, où j'ai été fort bien reçue mais où l'on m'a dit que l'association ne s'occupait que des personnes démunies qui n'ont pas l'espoir de s'en sortir. On espérait au mieux sauver les enfants, pas les parents. Une approche aussi active, et d'une certaine façon aussi optimiste que le crédit, ne correspondait pas du tout à l'orientation retenue. J'ai eu du mal à admettre cette notion de « sans espoir » comme on dit « sans domicile fixe ». Je n'ai connu le désespoir que de façon épisodique. Je n'ai jamais touché le fond de la déchéance physique et morale. L'idée que l'on puisse considérer les hommes comme condamnés à vie m'avait révoltée à l'époque. Je crois comprendre, par moments, que cela existe en voyant les gens s'effondrer face à un projet qui pourrait les sortir de leurs difficultés. Le poids du passé est trop lourd, les réserves d'espoir et d'énergie ont été usées par l'attente et le ressort de la volonté est cassé. Je le vois, mais je n'arrive pas à l'admettre vraiment.

Éconduite par plusieurs d'entre elles, je me suis aperçue avec étonnement que les organisations non gouvernementales n'étaient pas fondamentalement différentes des grandes institutions. Elles avaient elles aussi leurs idées reçues, leurs pistes balisées, leur micro-bureaucratie, leurs rigidités de fonctionnement, leurs problèmes de personnes, plus compliqués que partout ailleurs, car tous les membres se croyaient de bonne foi désintéressés, alors que les enjeux de pouvoir et de reconnaissance sociale y étaient les mêmes qu'ailleurs. Elles avaient aussi, comme les grandes institutions, leurs hommes de cœur qui essayaient, par tous les moyens, d'agir au bénéfice des exclus.

Ayant essuyé plusieurs réponses négatives, j'ai commencé à désespérer. Ce n'était pas mon travail, après tout, de m'occuper de la pauvreté dans un pays industrialisé. J'étais spécialiste des pays en voie de développement. J'étais sur le point de lâcher lorsque je rencontrai Jean-Baptiste de Foucauld, futur commissaire au Plan. Je lui racontai l'histoire de la Grameen Bank au Bangladesh, son transfert en Afrique et mes tentatives manquées de l'introduire en France. Il m'écouta avec attention et réagit de façon imprévue : « Mais au fond, ce projet, il faudrait que vous le montiez vous-même. Vous êtes la seule à pouvoir le faire. »

Cette réaction me prit au dépourvu. L'histoire de l'A.D.I.E. a commencé comme celle de ses futurs clients, par un acte de confiance. Jean-Baptiste me faisait crédit.

À partir de ce moment-là — c'était le début de l'année 1988 —, j'ai essayé de réunir un petit groupe de bénévoles pour monter le programme. Ils se rencontraient chez moi pour discuter. Je préparais des sandwiches et des boissons et nous échangions des propos très intelligents mais totalement irréalistes. Il n'y a pas trente-six façons de voir si une idée marche ou non. Il faut l'essayer. Mais le passage à l'acte ne fait pas partie de la culture des intellectuels : c'est un comportement d'entrepreneur. Le petit groupe a fondu au fil des mois et c'était bien ainsi. Il a aidé à décanter l'idée. Il ne pouvait pas faire plus. Il n'en est resté que trois membres, Francis Bour, Oscar Ortsman et moi, et cela tombait bien car il faut au moins trois personnes pour créer une association. Francis et Oscar étaient de vieux amis. Il fallait de l'amitié et de la confiance pour se lancer dans une aventure pareille. Et aussi une bonne dose de générosité et de curiosité intellectuelle. Comme ils n'y croyaient pas tout à fait, je fus nommée présidente. Francis, qui avait derrière lui une longue activité dans la coopération, la Légion d'honneur et une carrure impressionnante, devint trésorier et Oscar, professeur à l'École centrale et homme de plume, sécrétaire général.

Joseph continuait à me soutenir en coulisse. Il avait perdu la vue et l'autonomie de mouvement. Il ne pouvait plus peindre, ni lire. Il écrivait dans son cahier des signes de plus en plus indéchiffrables. Je venais m'asseoir près de son fauteuil et lui lisais en lui tenant la main. Sa main me communiquait la sagesse, la mienne lui communiquait un peu de vie. C'était si évident, cette communication qui s'établissait entre nous, que je lui proposai de passer un pacte : pendant que j'agirais pour développer la banque des pauvres, il me soutiendrait par la pensée. Ce serait notre alliance secrète. Le pacte dura jusqu'à sa mort. Je venais lui rendre compte, chaque fois que je le pouvais, des progrès réalisés. Sa foi dans le bien m'aida à avancer. Le sentiment d'être utile l'aida, je crois, à vivre ses dernières années. Même vers la fin, lorsqu'il perdait contact avec la réalité et qu'il était dramatiquement conscient de sa déchéance physique, nous avions des moments de compréhension profonde, et lorsque je l'embrassais en partant il chuchotait : « Je n'oublie pas notre pacte. »

Choisir le nom : « Association pour le droit à l'initiative économique », préparer et enregistrer les statuts n'était pas très difficile. Le vrai problème consista à trouver la clientèle et le financement. Notre première idée pour chercher la clientèle fut la soupe populaire. Nous allâmes avec Oscar parler avec les gens qui faisaient la queue, mais nous fûmes plutôt mal accueillis par les bénévoles. On n'avait pas à se mêler de « leurs pauvres ». La seule idée de crédit faisait peur. Elle évoquait dans l'esprit des gens l'endettement, l'usure et l'exploitation, tout sauf la possibilité de créer son propre emploi. Le seul enseignement que nous tirâmes de ces contacts fut la diversité du public, du clochard au cadre au chômage. C'était bien peu.

La seconde piste que nous essayâmes d'explorer fut un centre d'hébergement pour femmes en difficulté. Une personne, membre du petit groupe qui se réunissait chez moi, nous avait raconté les conditions dans lesquelles ces femmes y vivaient. Elles travaillaient dans un atelier et on leur retenait l'essentiel du salaire pour couvrir leurs frais de logement et de nourriture ainsi que ceux de leurs enfants. Les gosses étaient à la crèche du centre et les chambres étaient fermées à clef dans la journée. Les femmes n'avaient pas le droit d'embrasser leur enfant, qui était dans le même bâtiment, ni de monter dans leur chambre avant le soir, mais il y avait quand même une psychologue — modernité oblige — pour parler de leurs frustrations et angoisses. C'est la nuit, semble-t-il, quand elles avaient récupéré leurs enfants et qu'elles s'étaient repliées sur leur territoire, que les locataires commençaient à revivre. Pour compléter leur maigre salaire et préparer leur sortie, elles menaient des activités clandestines. Par exemple, alors qu'elles n'avaient pas de prise électrique dans leur chambre, elles connectaient des fils sur le courant du couloir, et fabriquaient du boudin antillais avec des moyens de fortune, pour le vendre le lendemain, avant de commencer le travail en atelier. Avec Oscar et Francis, nous nous dîmes :

« Voilà un endroit rêvé : des femmes démunies, regroupées, et entreprenantes de surcroît. Il faut voir s'il est possible de faire quelque chose avec elles. »

Là aussi ça s'est très mal passé. J'ai voulu prendre rendez-vous avec la directrice mais, quand je lui expliquai notre projet au téléphone, elle explosa : « Vous rêvez complètement ! Nos femmes sont incapables de faire quoi que ce soit, elles sont entièrement portées par nous ! »

C'était une vision de dépendance totale, du mépris badigeonné de paternalisme à l'égard de ces femmes. Du Dickens actualisé. La directrice refusa de me recevoir. Elle préféra se draper dans sa dignité et se cacher derrière sa hiérarchie : « Je ne vous recevrai que si on m'en donne l'ordre formel par écrit. »

En lui parlant au téléphone je voyais l'image de la directrice du lycée qui m'avait mise à la porte de son bureau, considérant qu'une élève de terminale n'avait pas le droit de se prendre en charge. L'une comme l'autre faisaient partie des gens qui sont définitivement enfermés dans leur système. « Sistemati », disent les Italiens. Ce n'était pas la peine d'aller plus loin. C'était perdu d'avance. Je ne pouvais même pas plaider ma cause en lui racontant les activités clandestines de ses pensionnaires car elle les aurait mises à la porte pour purifier l'atmosphère du centre.

Parallèlement à ces expériences, j'essayais de trouver des financements, ce qui était extraordinairement difficile. On vit dans une drôle de société qui enseigne la créativité mais décourage la création. Je fis, pour monter l'A.D.I.E. (l'Association pour le Droit à l'Initiative Économique), le même parcours du combattant que les porteurs de projets que l'A.D.I.E. finance à présent. Une galère, qui ne réussit finalement que grâce à la chance et à la persévérance.

Parmi les premiers qui ont bien voulu soutenir notre projet, il y avait les fondations privées qui, travaillant dans le tiers monde et connaissant l'expérience de la Grameen Bank, comprenaient plus immédiatement l'enjeu du projet *. Mais il y avait également la Caisse des dépôts et consignations et, par le miracle d'une rencontre

* Les fondations dont l'appui a été déterminant, pour lancer le programme sont : la Fondation pour le progrès de l'homme, le Comité catholique contre la faim et pour le développement, Médecins sans frontières et la Fondation de France.

— un haut fonctionnaire m'avait entendue parler du projet dans un colloque et m'avait invitée à venir le voir —, le ministère des Affaires sociales et le Fonds d'action sociale pour les immigrés et leurs familles. Pendant l'été 1989, le projet a eu également la chance d'être retenu par le programme de lutte contre la pauvreté de la Communauté européenne. C'était vraiment dû au hasard. J'avais accompagné Esmeralda Lucciolli, membre de Médecins sans frontières, à une réunion sur la pauvreté au cours de laquelle la responsable de la Communauté européenne a demandé aux uns et aux autres de présenter des projets qui pourraient être financés dans le cadre de ce programme quinquennal. J'ai pris un dossier et, comme je partais à la campagne, je l'ai rempli pendant les vacances. Francis m'a aidée pour le budget. Il fallait inventer des projections jusqu'en 1994, alors que l'association ne fonctionnait pas encore. Comme il est polytechnicien, ses projections étaient d'une cohérence suprême. Nous savions tous les deux que, faute de pouvoir plonger dans la réalité et ses contradictions, l'administration demande une présentation logique et cohérente. Et le projet fut retenu, ce qui était tout à fait inespéré.

Ayant désormais le financement, il nous fallait un local et des permanents, puisque tous les trois nous avions des occupations professionnelles à temps plein. Francis a obtenu d'une de ses amies qu'elle nous prête un petit appartement, rue du Petit-Musc. J'ai pris une semaine de vacances et je l'ai repeint avec une volontaire, et Thomas, mon fils aîné. Thomas préparait une traversée de l'Atlantique à la voile et il n'avait que son bateau en tête, mais il accepta de me donner un coup de main par solidarité, non pas parce que j'étais sa mère, mais parce que je me lançais dans une aventure aussi imprévisible que la sienne. En rentrant au bureau, j'avais encore des taches de peinture sur les bras et des mains toutes calleuses. Mes collègues me l'ont fait remarquer avec amusement. Ça ne se faisait pas pour un chef de division de mettre la main à la pâte.

C'est dans un local fraîchement repeint que j'ai commencé à sélectionner les candidats qui avaient répondu à l'annonce. Il y en avait de toutes sortes, des banquiers au chômage qui ne comprenaient rien au social et des travailleurs sociaux qui ne comprenaient rien à l'économie. Certains, même, ne comprenaient rien ni à l'un ni à l'autre. Nous choisîmes deux filles qui avaient fait toutes les deux de l'économie, qui avaient bourlingué un peu dans le tiers monde et qui avaient une motivation sociale évidente. Elles n'avaient presque pas d'expérience professionnelle. À tort ou à raison, nous pensâmes que cela leur donnait un esprit plus ouvert. Pour être honnête, je crois que j'ai choisi l'une parce qu'elle avait un regard passionné et l'autre parce qu'elle s'était retournée en partant pour dire : « Même si vous ne me choisissez pas, pourrai-je participer au programme ? » Je crois que les choix se font souvent comme cela, intuitivement. Ce qui n'empêche pas de rationaliser *a posteriori.*

Les premiers mois du programme ont été assez difficiles. Notre problème majeur était de trouver des clients. À défaut, des groupes, des personnes isolées qui voulaient créer leur propre emploi. Nos deux premiers sites ont été Saint-Denis, où il y avait un dispensaire de Médecins sans frontières, et Lille, où nous étions en contact avec un autre dispensaire et une association qui s'occupait des repris de justice. Les deux chargées de mission, Anne Le Bissonnais et Anne-Laure Federici, se partageaient les deux sites et, suivant les préceptes de la Grameen Bank, elles étaient censées entrer en compétition pour trouver les méthodes les mieux adaptées. En fait, elles sont devenues inséparables et il était parfaitement impossible d'opposer leurs idées pour progresser de manière dialectique. Elles pensaient à l'unisson.

Nos premières expériences ont été des échecs. L'un des jeunes sortant de prison voulait monter une baraque à frites, mais l'association qui l'hébergeait n'a pas supporté cette manifestation d'indépendance. Elle voulait bien qu'on monte le projet, mais avec elle, pas avec lui directement. La charité, comme l'amour, est une forte prison.

Nous nous rabattîmes sur les clients d'un dispensaire. Ils étaient tous très pauvres et venaient se faire soigner gratuitement par M.S.F. C'est dans la salle d'attente de ce dispensaire que nous constituâmes le premier groupe. Il y avait là Léo, un Zaïrois malade et réfugié politique. Sa femme avait été violée et torturée dans les prisons zaïroises. Elle était malade aussi. Ils habitaient tous les deux une sorte de box dans un parking. Lui avait eu une formation théologique puis il était devenu comptable, ensuite il avait fait de la confection pour des Turcs du Marais. Ensuite, il s'était fait voler sa machine à coudre, ses enfants avaient été placés ; il n'avait plus un sou pour vivre. L'A.D.I.E. lui prêta donc de l'argent pour qu'il puisse acheter une nouvelle machine. Il travaillait dans son box de parking mais n'arrivait pas à joindre les deux bouts. Anne-Laure lui faisait, de sa poche, des avances qu'il ne rendait jamais. En tant que crédit, c'était vraiment limite ! Léo était le client le plus difficile que l'on puisse imaginer. Au bout d'un certain temps, il disparut de son parking. Il téléphonait à l'A.D.I.E. le soir lorsqu'il était sûr de ne trouver personne et laissait un message sur le répondeur disant : « J'ai encore des difficultés, mais bientôt je vais rembourser le prêt. J'espère que vous allez bien. Je vous dis à bientôt. »

Cela a été un échec en tant que crédit, mais ce ne fut peut-être pas un échec en tant qu'insertion parce que la confiance qu'on lui avait montrée et la petite somme qu'il avait reçue l'ont aidé quand même à faire son chemin.

L'autre cliente historique de l'A.D.I.E. fut madame Salima, une femme haute en couleur et très sûre d'elle. Quand elle prenait la parole dans le petit groupe, tous les autres se taisaient et la regardaient avec respect. Madame Salima aimait raconter des histoires extravagantes : elle venait d'Afrique du Nord ; là-bas elle avait eu une grande fortune, perdue dans des circonstances mystérieuses qu'elle ne pouvait dévoiler et elle avait été obligée de quitter le pays. Madame Salima se faisait fort de reconstituer son patrimoine en quelques années si l'A.D.I.E lui accordait un prêt pour louer un petit local où elle recommencerait une activité de styliste en faisant jouer ses anciennes relations. Là, on s'est fait simplement avoir. Madame Salima monta sa petite boutique. Elle y officia pendant un mois, puis elle disparut sans laisser d'adresse.

Il y avait d'autres personnes extraordinaires dans ce groupe, et notamment un jeune homme qui était myope comme une taupe. Il avait cassé ses lunettes depuis plusieurs mois et comme ses lunettes lui permettaient de faire la plonge dans un restaurant, il ne pouvait plus travailler. Il dormait dans le hall de la gare Saint-Lazare et venait aux réunions accompagné de sa copine, traînant derrière lui deux grands sacs. Il n'avait pas d'endroit où laisser les sacs — la consigne coûtait trop cher — et ne pouvait pas traverser la rue tout seul. Bernard et sa copine étaient du Nord, tous les deux, et rêvaient d'y retourner. « Les maisons là-bas ne sont pas chères à louer ; on pourrait s'y fixer, monter un petit commerce... »

Je crois que finalement ils y sont partis, car ils ont cessé de venir aux réunions, mais peut-être sont-ils partis dans le Midi : l'hiver approchait et cela devenait vraiment dur de vivre dans la rue.

Ces premières expériences ont été assez décourageantes et en même temps très instructives. Nous avons appris qu'il fallait faire une sélection plus grande des candidats et ne pas vouloir prêter à des personnes qui sont dans des situations tellement critiques qu'elles ne sont pas en mesure de monter une micro-entreprise. Il ne fallait pas prêter, non plus, à des créateurs sans domicile fixe, qui ne sont connus de personne. Au bout de trois mois, nous avions à peu près compris que, premièrement, dans un contexte de société industrielle, il ne fallait pas choisir les cas les plus désespérés, mais des personnes qui avaient la volonté et des capacités réelles de créer une activité économique et que, deuxièmement, un groupe qui n'avait aucune solidarité naturelle de voisinage ou de communauté ethnique n'était pas un groupe très solide.

Il n'y avait aucune raison pour que madame Salima paie pour Léo et que Léo paye pour Bernard, qui avait cassé ses lunettes. Notre montage était tout à fait artificiel.

De toute évidence, le dispensaire n'était pas le meilleur endroit pour trouver des créateurs potentiels. Les gens y venaient dans un moment de crise. Ils n'étaient pas toujours en mesure de se mobiliser. Nous passâmes donc à une seconde phase dans la recherche de clientèle en mettant au point des petites affiches que Anne et Anne-Laure collaient dans les lieux publics ou dans les cités-dortoirs les plus mal famées. Elles avaient déniché quelques partenaires qui acceptaient qu'elles fassent des permanences dans leurs locaux et elles passaient des après-midi entiers à attendre les clients. Nous sommes allées ensemble dans des centres d'hébergement pour Africains, mais là aussi les responsables nous ont jetées dehors en nous accusant d'inciter les immigrés au travail illégal. Quant aux employés de l'A.N.P.E. à qui nous avions offert nos services, ils nous regardèrent comme des habitants d'une autre planète.

A l'époque, et en dépit de l'aide du ministère des Affaires sociales, nous étions plutôt mal reçus par les services sociaux. Je me souviens d'une des premières réunions d'évaluation du R.M.I., où tout le monde ne parlait que de l'emploi salarié, de la formation, des stages, des travaux d'utilité collective. J'ai essayé d'introduire le thème du travail indépendant dans la discussion. Il tomba comme un caillou dans l'eau, sans écho aucun. C'était la période de démarrage, où le R.M.I. était très marqué par une vision d'assistance sociale. Les bénéficiaires qui participaient aux vendanges pendant un mois étaient exclus du R.M.I. Du coup, ils ne faisaient plus les vendanges et étaient remplacés par des travailleurs saisonniers venant d'Espagne. Personne ne se posait vraiment la question de savoir comment pouvait vivre un RMIste avec deux mille francs par mois. Ou il payait la nourriture, ou il payait le logement, mais pas les deux. Il était donc bien forcé de trouver d'autres ressources, le plus souvent grâce à des petits boulots au noir. Nous avons dû faire un travail progressif d'explication, auprès des services qui s'occupaient de l'insertion. Il a fallu avaler pas mal de couleuvres. On nous a accusés d'usure parce que l'A.D.I.E. prêtait à 10 %. Les services sociaux trouvaient que notre approche économique et financière n'était pas adaptée à leur clientèle et les services d'aide à la création d'entreprises trouvaient que nous nous fourvoyions en nous adressant à une clientèle marginale et en prenant une orientation trop sociale.

Peu à peu, nous avons commencé à trouver des personnes au sein de ces organismes qui manifestèrent de l'intérêt pour nos idées. Je dis bien des personnes. Et ces personnes convertirent peu à peu les services. Au début ce fut très laborieux : la première convention de collaboration avec un département de banlieue mit un an à se formaliser. Et puis, il y eut un effet boule de neige. Nos interlocuteurs comprirent que notre projet n'était pas seulement paradoxal. Des partenaires qui voulaient bien mener l'expérience avec nous commencèrent à émerger.

Nous avons été amenés à modifier l'hypothèse de départ qui était celle du groupe de solidarité. Comme nous avions du mal à trouver des clients individuels, et encore plus des groupes, nous avons dû travailler davantage avec des réseaux locaux et accepter que les gens demandent des prêts individuels, le partenaire local jouant le rôle de garantie morale et de suivi. Le rôle du partenaire local était très important de deux points de vue : d'abord, il pouvait évaluer la crédibilité de l'emprunteur et ensuite, comme il était sur place, il pouvait jouer un rôle de transmission d'information et de suivi de projet. À partir du milieu de l'année 1990, nous commençâmes à conceptualiser cette notion de partenariat local.

Un événement très important pour l'A.D.I.E., début 1991, fut la reconnaissance par la Banque de France de la conformité de nos activités à l'article 11-1 de la loi bancaire. J'avais consulté à ce sujet plusieurs juristes, conseillers de grandes banques, et ils avaient été très sceptiques. Nous allâmes voir Kaki Genton, lui-même ancien financier, le secrétaire général du Comité de réglementation bancaire. Il était installé, à la Banque de France, dans un superbe bureau meublé Empire. On avait l'impression d'entrer dans le temple de la Finance. Le secrétaire général nous reçut très aimablement. Notre démarche en ce lieu avait un caractère incongru et rare. Elle me rappelait la visite que j'avais faite, enfant, au chef de la police suisse. À présent, je pouvais m'asseoir dans un fauteuil sans que mes jambes se balancent dans le vide, mais, comme me le faisaient remarquer mes enfants, je n'avais toujours pas les pieds sur terre.

Notre interlocuteur fut intéressé par le projet. Il avait une vision plus large que celle des juristes et notre expérience ne trahissait pas l'esprit de la loi. Il a accepté de nous écrire. Pour nous, cela a été un tournant important. Il nous a permis d'agir dans la légalité.

L'équipe de l'A.D.I.E. s'était élargie à la même époque par l'arrivée d'un certain nombre de banquiers. Le premier qui nous avait rejoints, dès le début du programme, était Emmanuel Mouterde, qui venait de prendre sa retraite en tant que directeur du département Afrique à la B.N.P. Administrateur de la France d'outre-mer, ancien commandant de cercle au

Cameroun, il avait le même virus du développement que Francis et moi. Emmanuel avait la rare qualité de savoir écouter. Il n'entrait jamais dans les débats passionnels auxquels je me laissais parfois entraîner par Anne, et ses avis, qu'il donnait avec retenue, étaient toujours pleins de sagesse et de pondération. Il attira derrière lui d'autres banquiers et contribua beaucoup à la professionnalisation de l'A.D.I.E., sans lui enlever pour autant ce côté idéaliste sans lequel elle n'aurait pu naître.

Nos prêts commençaient à se développer timidement et il devenait urgent de partager les tâches et de formaliser les procédures. Nous décidâmes de créer le Comité de prêts qui comprenait, sous la présidence d'Emmanuel Mouterde, les membres du conseil d'administration qui étaient des anciens banquiers et les permanents. Ce comité avait pour vocation d'étudier les demandes et possédait l'avantage de porter un autre regard, plus objectif, sur les projets que celui des chargés de mission qui étaient très engagés personnellement. L'important, c'était cet échange entre les permanents et les bénévoles. D'un côté, il y avait des jeunes très motivés mais sans, ou très peu d'expérience professionnelle, et de l'autre des gens qui étaient plutôt en fin de carrière et qui avaient occupé des postes importants dans l'administration ou dans la banque. Les uns et les autres n'avaient pas du tout la même vision des choses. Dire que le mélange était facile serait faux, parce que la façon de voir l'action était très différente. Les bénévoles avaient une vision organisée, une vision d'entreprise. Ils trouvaient que l'A.D.I.E. manquait de structure hiérarchique et de discipline. Les chargés de mission avaient au contraire un esprit très associatif, en particulier en ce qui concernait les modalités de prise de décisions, qui, d'après eux, devaient toutes s'effectuer par consensus. Cela a sûrement été l'une des difficultés de l'A.D.I.E. Les permanents étaient plus engagés dans l'action quotidienne. Plus impliqués dans les problèmes de nos clients, qui étaient par nature d'une complexité extraordinaire. Les bénévoles regardaient forcément de plus haut et à plus long terme. Pour Francis et pour moi, par exemple, il était clair que l'objectif de l'A.D.I.E. n'était pas de réussir quelques prêts, mais d'institutionnaliser le système. Même si cet objectif était partagé par tout le monde, les chargés de mission engagés dans des problèmes très complexes avec les emprunteurs étaient plus sensibles aux difficultés quotidiennes qu'aux considérations à long terme. Ils avaient donc des réactions conservatrices à certains égards.

Mais j'ai toujours pensé qu'il fallait que l'A.D.I.E. soit un lien entre deux mondes : d'un côté le monde de notre clientèle, à cheval entre le travail informel et la création d'entreprises, et de l'autre le monde des décideurs, de l'administration et des banques. Si on n'arrivait pas à faire communiquer des perceptions et des approches différentes au sein de l'association, on ne pourrait pas diffuser notre message à l'extérieur. L'hétérogénéité de cultures et l'hétérogénéité de générations faisaient partie de la règle du jeu et la part apportée par chacun dans la mise au point du crédit de solidarité était précieuse et irremplaçable, même si les différences de jugement provoquaient parfois des remous en surface.

La culture de l'A.D.I.E. était fondée aussi sur une approche multidisciplinaire : des économistes, des banquiers, des sociologues, des journalistes, etc. Le problème était trop complexe pour qu'on puisse le regarder de façon partielle et étriquée. Il fallait opposer et combiner des points de vue différents et en même temps, il fallait que chaque « corps de métier » puisse traduire le message dans son langage propre et le porter à l'extérieur dans ce langage.

Dans nos relations avec les bénévoles, nous connûmes des réussites et bien sûr des échecs. Parmi les réussites, Henri Boudard, conseil en informatique que j'ai trouvé en lisant les petites annonces de *Libération*. Je suis tombée un jour sur ces lignes : « Informaticien cherche à faire bénévolement du travail utile. » Il a fait un travail formidable en mettant au point un logiciel de gestion adapté à nos besoins. Ma fille Anne, journaliste à Canal +, bénévole elle aussi, a commencé par rédiger un bulletin pour nos emprunteurs et partenaires et a fini par faire un reportage pour « Envoyé Spécial » sur France 2. J'étais très fière de ma fille. Ses camarades disaient d'elle en plaisantant : « Dans cette rédaction, Anne seule pense que la réforme agraire dans une république bananière d'Amérique latine est plus importante que la finale de Wimbledon. » Mais beaucoup de bénévoles ne sont pas restés.

Nous avons été trop pris pour développer davantage les contacts avec l'université. À l'origine, je pensais que nous pourrions trouver des étudiants intéressés par les problèmes de développement local et la création de micro-entreprises. J'étais persuadée que cela passionnerait les chercheurs qui s'intéressaient au secteur informel et à la pauvreté. Je suis allée voir plusieurs d'entre eux, dont certains étaient fort connus pour avoir disserté sur le dualisme de l'économie et pour avoir écrit des articles sur la pauvreté. Je fus surprise de constater que l'action concrète ne les intéressait pas tellement. Leur monde était celui de l'enseignement. Le maximum d'action concrète dont ils étaient capables consistait à organiser un colloque et les discussions sur le seuil de pauvreté avaient pour eux plus d'importance que l'aide effective.

Les relations avec les journalistes posaient un autre problème. Au début, nous les recherchions, surtout au niveau local, pour faire connaître le crédit solidaire aux clients potentiels. Je n'avais pas la moindre habitude des médias mais je devinais qu'ils pouvaient jouer un rôle majeur dans la diffusion de l'idée. Je savais que la médiatisation présentait deux risques : l'un était du côté du public et consistait à distordre la réalité, l'autre se situait du côté de l'A.D.I.E. et plus spécifiquement de mon côté en tant que présidente, et consistait à se laisser tourner la tête par la notoriété. Les articles et les reportages télévisés se sont multipliés. Ils ont eu des effets parfois difficiles à gérer : après un passage dans le journal de T.F.1, le téléphone s'est déchaîné et les permanents ont croulé sous des milliers d'appels. Mais je crois que les journalistes nous ont rendu un fier service. Non seulement ils ont vulgarisé l'idée d'une « banque des pauvres », mais encore ils ont donné à l'association la seule force à laquelle elle pouvait prétendre, celle de la reconnaissance extérieure. L'A.D.I.E. n'avait aucun appui institutionnel. Elle était aussi démunie que ses clients. Elle était gérée avec une visibilité de deux mois. En dépit du soutien apporté par nos bailleurs de fonds, sans lequel on n'aurait pu mener le programme à bien, notre budget était monté chaque année avec des recettes pour la plupart aléatoires. Je jouais, pour mobiliser les ressources, de mon appartenance au monde de l'administration, comme j'avais joué, jadis, pour survivre, de ma qualité d'enfant. La séduction est la seule arme de ceux qui sont en position d'infériorité. Une idée juste, un besoin réel ne suffisent pas. C'est l'emballage qui fait la différence. Mais j'avais beau déployer tous mes talents, à partir d'un certain niveau de financement, cela ne pouvait plus suffir.

La première fois qu'un journaliste a publié une photo de moi dans un bulletin européen, l'une des chargées de mission me reprocha de vouloir personnaliser l'A.D.I.E. Le reproche m'avait paru injuste, mais il m'avait troublée. On n'échappe pas à une part de narcissisme et il est d'autant plus agréable d'être reconnu que l'on s'est fait jeter auparavant. Je ne me sentais pas en proie à la vanité, parce que la comparaison avec les autres n'entrait pas dans mon système de valeurs. Mais c'est vrai, les premiers articles, je les ai lus avec plaisir. Le problème a été vite dépassé. Le plaisir s'est émoussé car on s'habitue à tout, même à voir son nom dans les journaux. La médiatisation est devenue plus instrumentale. Je m'en suis aperçue le jour où une spécialiste en communication, qui nous aidait à préparer une plaquette, a déclaré comme une évidence : « Dans une affaire comme la vôtre il faut médiatiser quelqu'un ; il faut médiatiser la présidente. »

Ce n'était plus une question d'éthique, mais une question d'efficacité, d'avoir une image personnalisée.

Les journaux se sont chargés de la médiatisation et même si je ne me sens pas en accord total avec l'image, je pense que la percée d'une idée nouvelle ne peut se faire que sous une forme stylisée. Elle a besoin d'un mythe. Comme dans une œuvre d'art, ce n'est pas l'exactitude du détail qui compte mais l'impression générale, le sentiment qu'elle provoque. Pour étendre le crédit de solidarité, nous avons rédigé, à la demande du ministère des Affaires sociales, une étude de faisabilité, ce qui est normal. Mais la décision sera politique et l'opinion publique, exprimée par les médias, y pèsera de tout son poids.

Aujourd'hui, au bout de quatre ans, l'A.D.I.E. a financé près de 600 micro-entreprises créées par des allocataires du R.M.I. et des chômeurs. La diversité des projets traduit la diversité des parcours, l'adéquation unique entre le savoir-faire du créateur et le marché. Aucune administration centrale tentant de promouvoir les services de proximité ne saurait inventer ces activités :

— Jacques dont le père était ferrailleur, ramasse lui aussi de la ferraille. L'achat d'un vieux camion avec un prêt de quinze mille francs lui permet d'augmenter le chiffre d'affaires. Comme il ne sait pas conduire, c'est un copain qui le fait à sa place. Jacques passe son permis de conduire, pour améliorer son revenu.

Il ne boit plus. Il gagne moins que le S.M.I.C. mais il peut se passer du R.M.I. Il a retrouvé sa dignité.

— Francis avait fait de la prison. Il décide de se ranger. Il invente un métier nouveau : « le coupeur de brandes ». Les brandes coupées dans les forêts landaises servent à faire des palissades et des palombières. Dans la liste des métiers, la rubrique n'existe pas. Francis doit se battre plusieurs mois pour se faire enregistrer. Il est le seul « coupeur de brandes » officiel en France.

— Rita est gitane. Elle est vieille et n'arrive pas à dormir. Elle ne veut pas être une charge pour la tribu. Elle sait faire des paniers. Elle l'a appris de sa mère quand elle était petite. Elle emprunte cinq mille francs pour acheter de l'osier qu'elle tressera pendant ses nuits blanches.

— Hector est réfugié en France. Il a fait tous les métiers pour vivre mais n'a qu'une passion : la musique latino-américaine. Avec un prêt de vingt mille francs il démarre l'importation de disques. Ça marche bien. Il rembourse son prêt. Il en prend un autre qui lui permet de s'acheter un fax et d'augmenter son fonds de roulement. Pour le troisième, il n'aura pas besoin de l'A.D.I.E. Il est maintenant fournisseur des grands magasins. Il a pignon sur rue. Il a aussi derrière lui une histoire de crédit. Il peut avoir accès à la banque.

De l'élevage d'escargots à la fabrication de copies d'armures anciennes, en passant par le commerce ambulant chaque projet est différent. Ils ont pour point commun d'exiger un investissement limité : entre quinze mille et soixante-cinq mille francs pour la plupart. Certains ne sont que des projets de survie, d'autres ont un potentiel d'expansion. Leur vrai succès est d'avoir permis à chacun d'aller au bout de ses capacités, d'avoir créé son propre emploi et parfois plusieurs, d'être redevenu un membre de la société à part entière.

Au-delà du financement individuel, le crédit aide à recréer des réseaux de solidarité. Les emprunteurs de l'A.D.I.E. se retrouvent dans des « cercles de créateurs ». Ils peuvent y bénéficier de services communs, notamment en matière de formation, mais surtout ils peuvent échanger leurs expériences :

« Venez vendre avec moi des fleurs sur le marché », dit Sylvie à Bernard, qui veut s'installer à son compte, « cela vous permettra de tester votre projet. »

« Ce bail, vous pouvez me l'expliquer ? » demande Karim à Georges, qui a déjà potassé la question.

Aucun n'a oublié le drame du chômage. Ayant à peine la tête hors de l'eau, chacun voudrait aider les autres à trouver leur voie.

Le programme mené par l'A.D.I.E. a montré qu'en France aussi, le crédit peut être un instrument de lutte contre la pauvreté et le chômage. Certes, le contexte est différent. L'exclusion touche une part plus faible de la population, mais en la marquant, elle la fragilise davantage. La solidarité sociale a largement disparu et a été remplacée par l'assistance de l'État, perçue comme un droit. Difficile, dans ces conditions, de faire jouer la solidarité de groupe et la pression sociale ! Les projets eux aussi sont plus fragiles. La création d'entreprises ressemble à un parcours du combattant dont les obstacles érigés par l'administration s'appellent guichets, formulaires, charges sociales. Les investissements plus importants sont liés au niveau de l'évolution technologique, les marchés sont plus difficiles d'accès, la mortalité des entreprises est plus élevée.

Dans ces conditions, le crédit de solidarité, en France, coûte plus cher que dans des économies moins avancées. Il comporte un risque plus élevé et il exige l'accompagnement du projet. Les surcoûts ne peuvent être couverts par la marge bancaire. Ils exigent un soutien de l'État, justifié par la rentabilité économique et sociale : la création d'un emploi indépendant représente pour la collectivité une dépense deux fois moindre que le coût annuel d'un chômeur. Le crédit de solidarité est en fait un service public pour l'emploi et l'insertion.

L'expérience de l'A.D.I.E., aussi limitée soit-elle, ouvre, en fait, un débat plus large sur le rôle de la banque. En assurant la micro-intermédiation financière au bénéfice des plus démunis, l'A.D.I.E. ne fait qu'appliquer à la lettre le slogan lancé, il y a une dizaine d'années par les banques françaises : « La banque est au cœur de l'économie. » Elle revient aux origines de la banque qui était au service de la communauté. Aujourd'hui, fascinées par la mondialisation des marchés et par les instruments financiers qu'elles ne cessent d'inventer, les banques se sont éloignées de l'économie réelle. Pour un dollar de marchandises échangées dans le monde, il s'échange quarante dollars sur les marchés financiers*. Cette sphère financière détachée de la production et des échanges crée des profits mais aussi des risques importants. Elle peut connaître une crise aiguë si les conditions politiques, les taux d'intérêt ou les taux de change sont modifiés brutalement.

Pendant que les opérations financières s'échappent dans la « bulle financière », une part de l'économie réelle dépérit. L'autre « bulle », celle du chômage, de l'exclusion et de la pauvreté, stérilise des ressources humaines, limite le marché des entreprises et crée une charge de plus en plus insupportable pour la

* Chiffre cité par Lionel Stoléru dans *L'Ambition internationale.*

population active. Elle aussi risque d'exploser, dans les banlieues-ghettos où les jeunes sans emploi n'ont rien à faire et rien à perdre.

L'argent n'a pas seulement une logique de profit. Il a aussi une fonction sociale : dans les sociétés primitives, la monnaie de coquillages symbolisait la vie. C'est cette fonction sociale qu'il s'agit de retrouver avant que les deux bulles ne nous explosent à la figure.

Après avoir suivi un parcours d'obstacles comparable à celui de ses emprunteurs et vécu dans la même précarité qu'eux, l'association arrivera en juin 1994 à la fin du programme d'action-recherche. On appelle en Pologne « le rêve d'une tête coupée » les idées qui ont peu de chances d'être réalisées, mais le rêve que les plus démunis puissent avoir accès au crédit est en train de prendre corps. Même si nous n'arrivons pas à trouver les financements nécessaires pour étendre le projet à l'échelle nationale, l'idée est semée. Elle prend racine. Elle ne disparaîtra pas.

Recréer l'économie de marché en Albanie

Au fil des années, développer le crédit aux plus démunis était devenu une obsession. Je travaillais maintenant, professionnellement, sur l'Europe de l'Est et j'étais chargée de préparer un programme de lutte contre la pauvreté en Albanie. Le pays offrait un spectacle de détresse comme je n'en avais vu nulle part. Tout un peuple sortait de quarante ans d'enfermement dans un communisme orthodoxe. L'économie s'était écroulée. La moitié de la population était au chômage. Pire que tout, il n'y avait plus de référence d'aucune sorte, morale, économique, politique.

Dans un village, alors que je demandais aux gens quelle infrastructure leur paraissait prioritaire, ils répondirent : « Une église. » C'était assez étonnant, car il n'y avait pas d'eau — les femmes allaient la chercher à trois kilomètres —, la route n'était pas praticable six mois de l'année et l'électricité, branchée en trompe-l'œil, ne permettait d'allumer qu'une ampoule par maison. Je leur demandai d'expliquer leur choix. C'est un vieux qui prit la parole pour dire : « Avant, les Albanais étaient courageux au travail, braves et honnêtes. Le régime communiste les a changés. Ils sont devenus paresseux, poltrons et menteurs. Il n'y a que Dieu qui peut nous aider à retrouver nos qualités et nos valeurs d'antan. Et il lui faut une église que nous construirons de nos mains. Pour le reste, l'aide étrangère peut nous apporter son appui. »

Cette foi inébranlable inavouée depuis quarante ans — l'Albanie avait été déclarée État athée — m'a frappée. Depuis ma jeunesse, j'étais révoltée contre Dieu. Que cet homme qui avait vécu le pire puisse y croire me révoltait plus encore, et pourtant je ne pouvais m'empêcher de l'entendre. Le monde n'est pas compréhensible. Il comporte sa part de mystère. J'avais une conscience aiguë du mystère, même si la réponse naturelle de toutes les civilisations — le sentiment religieux — ne me paraissait pas acceptable.

Pendant que l'assemblée continuait à débattre, je pensai à mes discussions avec Joseph. Il était le seul homme avec qui je parlais de Dieu. Les autres, soit y croyaient et ne se posaient pas de questions, soit n'y croyaient pas et ne se posaient pas de questions non plus. Joseph disait : « Je crois à une autre dimension. Toute ma vie j'ai été révolté contre Dieu, et pourtant je sens sa présence. »

Pour lui, la révolte était une forme de dialogue. Moi je ne ressentais que la violence et l'impuissance de cette révolte. J'avais, inscrite dans la tête, cette phrase d'Oscar de Milosz : « Malheur à celui qui, aveugle à la beauté de Dieu, préfère le vide de l'ennui aux tourments de la passion ou les tourments de la passion au vide de l'ennui », mais je n'en trouvais pas l'issue. Je ressentais le malheur de l'aveugle, mais cela ne m'ouvrait pas les yeux pour autant. Mon problème n'était pas le vide de l'ennui, mais un vide absolu qui recouvrait l'idée de Dieu. Une dimension de la transcendance qui n'avait pas de sens. Un mysticisme sans support religieux. La seule religion qui m'attirait était le bouddhisme car l'homme y est seul, sans Dieu, sans la promesse du ciel. La vie, pour moi, c'était cette solitude infinie mais aussi la solidarité avec les autres. Je ne pouvais croire que Dieu, s'Il est bon, ait pu créer un monde où la vie d'un être est fondée sur la mort d'un autre. « On ne peut arrêter la mort, disait Joseph, mais il y a un moment où l'on dépasse la révolte et où l'on arrive à la sérénité. »

Et il me rassurait avec des exemples prestigieux, qui me faisaient sourire : sainte Thérèse et saint Augustin avaient ressenti le vide infini, avant de trouver la foi.

En cet An I de la révolution démocratique, le vieux avait raison. C'était dans l'esprit des gens, dans leur comportement, que le communisme avait fait le plus de dégâts. Vivre quarante ans dans la schizophrénie, dire ce qu'on ne pense pas, taire ce qu'on pense, avoir peur de toute initiative, de tout acte spontané, être coupé de tout contact extérieur, cela modèle un peuple. Les intellectuels parisiens, qui dissertent sur la liberté hors de toute dimension éthique de bien et de mal, ne savent pas à quel point ils sont le produit d'une société qui ne connaît pas de contrainte majeure. En Albanie, la nation entière avait été asservie à un pouvoir totalitaire. La rébellion équivalait à un suicide. C'était un choix clair et la sanction était claire également. Ce qui était beaucoup plus grave, c'est que des actes en apparence anodins — dire par exemple : « Les pommes de terre de la coopérative sont petites cette année » — pouvaient entraîner une sanction aussi grave mais, cette fois-ci, difficile à prévoir. Détruire la logique entre l'acte et la sanction est une politique connue de toutes les dictatures. Elle asservit par la peur et par la destruction du choix lui-même, qui est la base de la liberté.

Voilà que l'Albanie, sortant de cette période d'asservissement, entrait dans une phase où, l'économie étant détruite, le pays était plongé dans la pénurie. Les choix dans une situation de ressources limitées sont rarement satisfaisants. Il n'y a pas de bon choix entre partir travailler au noir en Grèce et crever de faim dans la montagne. Les Albanais retrouvaient la liberté de choisir entre Charybde et Scylla. Ils avaient perdu l'imagination. Isolés du monde, ils manquaient d'exemples. Ils avaient perdu l'habitude de prendre des initiatives.

Dans un village de montagne, Kemal, qui avait passé quinze ans en prison, m'expliqua que le plus important, c'était d'apporter des idées. Lui-même avait trouvé en prison des livres sur l'apiculture et s'était passionné pour le sujet. Pendant quinze ans il avait rêvé d'abeilles. Lorsqu'il avait quitté la prison sa première action consista à installer des ruches. Les gens qui n'ont pas été en prison n'ont même pas eu le loisir de rêver ou d'apprendre.

Mais la libération d'un peuple esclave n'était pas le seul problème en Albanie. Il fallait privatiser l'économie. Le gouvernement décida de distribuer la terre des coopératives, puis celle des fermes d'État, aux paysans. La densité de la population rurale était telle que chaque exploitation ne dépassait pas, en moyenne, 1,4 hectare. Les paysans n'avaient pas les moyens de production élémentaires. Ils coupaient les fils de téléphone pour enclore leurs champs, parquaient leur vache dans le jardin, si petit qu'elle pouvait à peine remuer la queue, gardaient leur récolte dans la cuisine et leur tas de fumier dans la rue. Dans les fermes d'État, c'était pire : pour affirmer l'idée de progrès, le pouvoir avait construit des villes à la campagne. Comment garder sa vache au cinquième étage ? Comment devenir exploitant agricole lorsqu'on a été pendant quarante ans ouvrier-fonctionnaire, chargé d'une seule tâche ? Dans les montagnes du Nord, la pauvreté prenait des allures tragiques. Pendant les années du communisme, la population avait triplé. Le gouvernement encourageait les naissances, les moyens contraceptifs étaient inconnus, l'avortement interdit. Les paysans n'avaient pas le droit de quitter leur coopérative. L'agriculture de montagne, dont les ressources ne pouvaient pas nourrir la population, était subventionnée. Au lieu d'appliquer la règle égalitaire de la réforme agraire, les paysans du Nord revinrent aux droits de propriété anciens. Certains se retrouvèrent sans terre, d'autres avec dix arbres fruitiers pour toute ressource. Je vis des hommes hébétés tourner en rond sous les arbres. Ils avaient travaillé toute leur vie dans une ferme d'État. Ils vivaient pauvrement ; leur liberté était limitée ; ils n'avaient pas le droit de posséder une poule, ils n'avaient pas de lait pour leurs enfants car il fallait que la coopérative livre ses quotas de production, mais leur existence, bornée de toutes parts, était tant bien que mal assurée. Ils se retrouvaient, à présent, avec dix arbres dont ils ne savaient que faire. Les réseaux de commercialisation étaient détruits. Les industries de transformation également. Grugés par le communisme, les paysans se retrouvaient grugés par le nouveau système : capitalistes sans capital, acteurs d'une économie de marché sans marché.

Dans une économie bloquée, il fallait créer de toutes pièces un système de crédit adapté à cette masse de petits paysans. J'ai demandé à Konrad, qui avait mis en place le système du Yatenga, de me rejoindre. Avec Zana Konini, professeur de physique à l'université de Tirana, reconvertie en banquière, ils allèrent dans les villages, discutèrent avec les paysans. Le système qui fut conçu tenait à la fois d'une coopérative d'épargne-crédit et de la Grameen Bank. Échaudés par les coopératives, les paysans n'ont pas voulu de groupes de solidarité. Ils souhaitaient restaurer le rôle traditionnel des villages détruits par le régime communiste. On créa donc les Caisses villageoises de crédit. Elles recevaient un fonds de crédit. Un comité élu par les villageois attribuait les prêts et assurait le suivi des remboursements. La comptabilité et la manipulation des fonds étaient assurées par la banque agricole, qui jadis faisait des avances de trésorerie aux coopératives, et à présent tentait de devenir une banque commerciale.

Nous avions introduit dans le système une épargne obligatoire, dont le but était de remplacer progressivement le fonds mis à la disposition du village. La garantie de remboursement au niveau du village était assurée par la pression sociale. Si un des prêts n'était pas remboursé, tous les prêts de la Caisse villageoise étaient suspendus.

J'assistais avec émerveillement aux réunions des Comités de crédit, animées par Zana :

« Ibrahim était un bon berger à la coopérative, mais il a dû vendre les brebis qu'il avait reçues en partage pour manger.

— Si on ne lui fait pas de prêt, il ne pourra pas reconstituer le troupeau.

— Oui, mais il risque de nouveau de les perdre : sa femme n'est pas travailleuse ; elle ne s'occupe pas de nourrir les bêtes. S'ils ne remboursent pas, nous serons tous privés de crédit.

— Demandons à Ibrahim et à sa femme de préparer le fourrage pour l'hiver. Comme cela on sera sûrs que les brebis seront nourries et qu'il ne sera pas obligé de les vendre et accordons-lui la moitié du prêt demandé. S'il élève bien les bêtes, nous lui accorderons la seconde moitié. »

Chaque cas était discuté ainsi pendant des heures, arrosé de raki*. À deux heures, les femmes apportaient du pain, du fromage et des tomates. La vigne cachait les décombres de la coopérative. On avait le sentiment que rien, ni le paysage, ni les hommes, ni la nourriture, n'avait changé depuis l'Antiquité.

Dans les régions les plus isolées, il a fallu

* Eau-de-vie de fruits.

inventer une banque en nature. Les gens vivaient en dessous du seuil de subsistance, en dehors de toute économie monétaire. Il n'y avait pas de marché. Tout produit additionnel serait immanquablement consommé. Aucune activité économique ne générait un surplus suffisant pour rembourser un crédit en argent.

Comme dans toutes les sociétés pastorales, les villageois avaient l'habitude de confier le troupeau à des bergers qui étaient rémunérés en recevant les agneaux nés pendant la période de garde. Ce fut la base de système. Les brebis seraient confiées à tour de rôle aux familles les plus pauvres du village, qui garderaient les agneaux et rendraient les mères. Un système analogue serait pratiqué pour les semences. Les paysans les rendraient en nature, sur leur récolte.

À une époque où les opérations financières se détachent de la réalité, où les jeux sur le taux d'intérêt ou sur le taux de change permettent à des spéculateurs avertis, opérant au niveau mondial, de gagner des millions en un instant, nous revenions à une banque œuvrant pour le développement de la communauté locale, finançant des opérations réelles, exigeant beaucoup de travail et d'efforts de la part des paysans mais leur apportant en même temps un avenir.

Solitude, solidarité

Depuis des années j'essayais d'épurer ma vie. Je me disais que vivre ne consiste pas à gagner pouvoir et richesse, qui vous empêchent de créer car tous vos efforts sont consacrés alors à les défendre mais, au contraire, à savoir perdre pour renaître de ses cendres. Je n'arrivais pas à vivre des passions de pacotille, à accepter l'imparfait, le faux-semblant.

« Les passions secondaires préservent du risque de vivre ; elles créent un désert coloré, m'avait dit un jour Joseph.

— Le mien est un désert gris, avais-je répondu violemment.

— Tu ne sais pas, dit Joseph, ce qu'il y a au bout du désert. Tu es entière, c'est ton caractère. Tu dois suivre ce que tu ressens au plus profond de toi. Et en payer le prix. Ton besoin d'absolu est ta plus grande qualité.

— Ou ma plus grande faiblesse ? demandai-je avec une pointe d'amertume.

— Oui, bien sûr, répondit Joseph, il y a

toujours deux aspects à un problème. Les contradictions sont la richesse des hommes. La lune a toujours une face cachée, et la lumière son rayon sombre. Je sais que le jugement que je porte est incomplet donc faux. Je ne crois pas que l'on puisse trouver sa règle de vie dans un principe fermé sur lui-même. »

Il avait lui-même connu la septième solitude, celle que l'on trouve au-delà des portes que l'on ferme derrière soi. Il tenait aux gens. Il avait la capacité extraordinaire de parler toutes les langues et tous les langages. Il touchait au cœur par sa chaleur, sa simplicité. Et pourtant oui, l'art lui avait fait claquer les portes. Il ne le regrettait pas. Dans ses yeux déjà clos il avait des visions qui le ravissaient et son seul regret était de ne plus pouvoir les restituer.

Je ne regrette pas non plus. Même si la nostalgie m'étreint parfois de ne pas être avec ceux que j'aime, de n'avoir pas su garder les occasions de bonheur offertes par la vie, je sais que mon ordre est celui de l'errance. Je cours le monde sans m'arrêter, sans m'installer nulle part. Je vis consciemment une vie d'ermite. Le XXe siècle ne vous pousse pas à vous isoler dans le désert ou à monter sur une colonne comme les stylites du temps jadis. Il suffit de prendre l'avion pour se retrouver sur un autre continent au milieu d'une foule inconnue et ressentir, au milieu de cette foule, la solitude la plus parfaite. La vie mondaine n'est qu'un cache-misère de la solitude. Elle consiste à séduire, à marquer des points, à faire étalage de sa richesse, de son pouvoir, de ses relations ou de sa culture. Pas à communiquer. Le regard fraternel, on le trouve parfois auprès des inconnus, car la fraternité est, avant tout, une complicité dans la solitude.

Solitude se conjugue avec solidarité. J'ai accepté d'être de plus en plus seule en faisant entrer dans ma vie un nombre croissant de gens. L'étroit chemin de mon enfance, où mes repères étaient Grand-père, Stanislas et Tante Julia, s'est élargi en un espace illimité que je partage avec le cireur de chaussures du Burkina, Aïssata Barry qui fait la queue pour rembourser sa dette, la vieille gitane qui ne peut dormir et tresse des paniers la nuit, Léo qui attire tous les malheurs et la sémillante madame Salima. Je rencontre dans cet espace la femme du Bangladesh qui n'a d'autre demeure que sa pirogue, le vieil Albanais qui pendant quinze ans de prison a appris à s'occuper des abeilles et l'ex-taulard fort en gueule. Le travailleur de la ferme d'État qui erre hagard entre ses dix arbres, après avoir passé sa vie enchaîné à un faux idéal ; l'image brumeuse d'une femme maure qui tire l'eau du puits, comme d'autres le faisaient il y a mille ans et celle de l'homme exclu de la société des hommes, qui dort abrité par un carton dans les rues de New York. Ils font tous partie de ma vie, au même titre que mon grand-père ou Stanislas, même si je ne les ai rencontrés qu'un seul instant. Et au-delà d'eux, tant de destins entravés ou perdus par l'oppression de la nature, mais plus encore par l'aveuglement et l'ambition d'autres hommes. Dos courbés, regards de détresse qui vous vrillent l'âme et vous submergent d'impuissance.

Je sais que l'aide que je peux apporter directement est minime et mon espoir n'est pas dans cette aide mais dans les changements d'idées qu'elle peut entraîner. Notre siècle, qui est celui de la langue de bois, ne croit plus aux paroles. Mais chaque démonstration est un levier pouvant entraîner, par l'exemple, d'autres actions. Une vieille légende chinoise raconte comment, découvrant que leur forêt brûlait, les oiseaux se précipitèrent dans le ruisseau pour accrocher quelques gouttes d'eau à leurs ailes et tenter d'éteindre le feu. Je sais que tout ce que nous faisons pour les plus démunis n'a pas plus d'impact que les gouttes portées par les oiseaux, que les sabres de la cavalerie polonaise contre les tanks allemands. Et pourtant, je me dis que la banque des exclus, qui se développe par clonage à travers le monde, finira par triompher. Elle se développera par l'idéalisme de quelques-uns, parce qu'elle traduit des principes fondamentaux : liberté, égalité, fraternité. Par la raison de quelques autres, car elle est une alternative à la violence inévitable d'une société duale. Par l'intérêt du plus grand nombre, car elle ne porte pas atteinte aux droits acquis. Elle partage l'avenir, pas le présent.

LIBÉRATION

Aujourd'hui, je songe à la dernière étape. C'est au milieu d'une réunion de l'A.D.I.E. que j'ai appris que j'avais le cancer. J'avais subi une intervention chirurgicale mineure. Le médecin devait faire l'analyse de la tumeur supposée bénigne et m'avait demandé de le rappeler à une heure précise. La nouvelle est tombée, laconique et sans appel, entre la discussion sur les résultats du dernier semestre et le programme d'extension des sites. Comment réagir à une nouvelle comme celle-là ? Elle m'a fait battre le cœur un peu plus vite. J'ai dû me forcer pour continuer la discussion, mais j'ai senti en même temps une sorte de paix.

La mort est pour moi une compagne familière. Je l'ai rencontrée à l'orée de l'existence et elle ne m'a jamais quittée depuis. Je garde de mon enfance une peur panique de la disparition de ceux que j'aime mais aussi, quelque part, le désir de ma propre mort, une mort héroïque, à l'image de ceux que j'ai aimés.

« Vouloir le vrai, ça pourrait être secrètement

vouloir la mort », a écrit Nietzsche dans *Le Gai Savoir,* et cette phrase m'avait bouleversée. Mon vrai problème est de mourir pour une grande cause et je sais combien ce désir, naturel pour les résistants polonais, afghans ou bosniaques, peut paraître déplacé et quasiment risible dans cette oasis de paix, de richesse et d'inconscience qu'est la société occidentale.

Depuis tant d'années, je me sens honteuse de n'avoir pas été en prison, comme tous les autres membres de ma famille. Je me sens coupable d'être restée en vie au milieu des ruines de la maison quand les autres ont été tués. J'ai besoin de justifier mon état de survivante. De pouvoir dire aux « cousins » : « Vous avez été tués injustement. J'ai essayé de défendre votre mémoire en donnant un sens de solidarité à ma vie. Solidarité à l'égard de ceux pour qui vous êtes morts. Leur liberté, leur dignité. »

Je regardais les visages autour de la table, j'écoutais les discours sur le nombre des prêts que nous allions faire et je me disais : « Comment peut-on parler encore d'argent. Ce n'est pas un sujet reluisant et j'aimerais tellement mieux ne pas l'évoquer. J'en ai fait le but de mon existence, mais ça n'a vraiment rien de glorieux de prêter de l'argent, pas plus d'ailleurs que de mourir d'un cancer », et tout ceci, qui était ma vie, prenait comme une sorte de distance. J'étais contente d'arriver au bout, mais pas tellement d'y arriver comme cela.

Francis, qui était au courant du coup de fil, mais pas de son résultat, me regardait avec inquiétude mais je n'essayai pas de communiquer avec lui. J'étais déjà dans un autre territoire. Je pensais aux discussions que j'avais avec Joseph vers la fin de sa vie. Il m'avait dit un jour : « La mort, c'est comme une trappe qui s'ouvre sous les pieds et fait voir tout à coup une dimension inconnue. »

Il avait rêvé d'un long couloir sombre qui s'ouvrait sur la lumière et s'était réveillé dans la joie. « Ce doit être une seconde naissance », disait-il méditatif et ravi.

Le chemin de la solitude et de la solidarité avait été, pour moi, un chemin de libération. Celui qui m'avait permis de m'affranchir de mes angoisses. La mort, après tout, n'était que la dernière étape, celle de la libération ultime. Je la vois comme un grand espace de liberté et de lumière. J'imagine que les morts sont heureux car ils n'ont pas de soi. Ils ne se heurtent plus à leurs propres limites. Ce ne sont pas les contraintes extérieures qui nous brident, ce sont nos propres faiblesses et peurs. Je vois la mort comme un affranchissement du corps et de l'âme. La faim et la torture n'ont plus de prise. L'égoïsme, la bêtise, les faux-semblants, toutes ces bassesses de la nature humaine qui nous permettent de vivre deviennent inutiles, touchantes à force d'être désuètes. On ne souffre plus pour ceux qu'on aime puisqu'on voit un terme à leurs épreuves. On les regarde comme des enfants qui traversent un chemin de ronces, sachant que les égratignures qu'ils se feront ne sont pas bien graves.

Ma pensée est pour mes enfants. Les voici, eux-mêmes, sur le chemin de la vie et ils sont les seuls à pouvoir en découvrir le sens. Je peux tout juste, comme lorsqu'ils étaient petits, leur faire un signe de la fenêtre en criant : « Faites attention en traversant ! Ne prenez pas froid. » Mais ce cri pèse moins encore qu'auparavant. Et si je n'arrive pas à me défaire de mon inquiétude, je sais que le vrai problème n'est pas seulement dans les dangers qui les guettent mais dans la capacité qu'ils auront à découvrir leur vérité et à forger leur destin. La vérité est au-delà des mots et peut-être même au-delà de la pensée. Elle vous traverse comme un éclair, vous serre le cœur ou vous illumine de joie. Elle est insaisissable comme un oiseau qui passe à l'horizon. Ses facettes sont multiples et contradictoires. On n'en voit jamais qu'un bout, partiel, mouvant.

Ma pensée est aussi pour ceux qui n'ont pas la vraie chance de départ. Les hommes roulés par les vagues de l'Histoire au double sens de ce terme. Peuples déchirés par la guerre, torturés, privés de leur liberté au nom de quelque idée fausse. Tous ceux qui souffrent de la violence du pouvoir mais aussi de celle, plus insidieuse, de l'argent. Ceux qui sont jetés sur les routes par la guerre et ceux qui quittent leur village à cause de la faim. Nous nous acheminons vers un monde d'errants, paysans sans terre, familles sans toit, peuples sans pays. Les riches ne pourront pas longtemps défendre leurs bastions. Ils ne pourront résister à la vague montante de la misère. Avant que ce monde inhumain nous explose à la figure, j'ai envie de crier : « Faisons crédit aux pauvres ! Leur salut est aussi le nôtre. »

Sur le chemin de ma vie, où j'avance aujourd'hui avec plus de sérénité qu'à son début, je me dis bizarrement que la mort donne du courage pour vivre mais que la vie doit avoir un sens. Je me souviens d'une promenade avec Joseph sur une falaise, au-dessus de la Seine. Je le vois encore, avançant lentement avec sa canne. Il ne voyait presque plus et avait du mal à marcher, mais il aimait imaginer la vue du fleuve qui serpentait dans la plaine. Nous nous étions assis par terre à l'ombre d'un arbre et il dit : « Un homme ne peut être heureux si le fil de sa solitude est rompu. Mais le fil doit avoir deux bouts : les racines d'un côté et le dessein que l'on se fixe de l'autre. »

Je me souviens de cette phrase parce qu'elle m'avait remué les tripes. Je lui dis que je n'avais pas de racines. Que la guerre ne m'avait appris que la violence et la mort. Que mes parents m'avaient donné l'image du courage, mais que c'était le courage de la défaite et de l'exil. Je criais presque, sur cette falaise où le vent soufflait très fort alors que le fleuve continuait à couler en contrebas, imperturbable. Je disais que pour être heureux il faut savoir faire confiance à la vie. Il faut pouvoir faire un pas sans croire qu'on va tomber dans un trou. Il faut pouvoir aimer sans penser que l'être qu'on aime va disparaître d'un instant à l'autre. Tous ces réflexes, on les acquiert dans l'enfance. Ils créent une dynamique de foi et de bonheur ou une dynamique de peur et d'échec. On ne bâtit rien sur l'angoisse, mais comment tuer l'angoisse ?

Joseph m'écoutait attentivement et en silence. « Les montagnes russes de bonheur et de malheur ne signifient pas grand-chose, dit-il enfin, ce ne sont que des péripéties. L'important c'est d'avancer sur la voie que tu as choisie. »

Aujourd'hui je sais qu'il avait raison. J'ai appris à prendre de la hauteur. Je vole, comme un personnage de Chagall, au-dessus de ma vie, et son cours, qui me semblait tumultueux, paraît quasi immobile à distance. C'est la trace qui importe, et rien d'autre.

Je me demande parfois si je vais tenir la promesse faite à Dieu quand j'étais enfant. La réponse m'est venue d'un poème que François, mon fils, m'a remis lorsque j'étais à l'hôpital. Le poème gribouillé sur un bout de page était le suivant :

Quel plus beau rêve,
que d'être dans sa tombe,
le fruit de ses désirs.
D'avoir fini sa vie,
comme un enfant qui naît,
plein de folles espérances,
à l'abri des regrets.

Quel plus beau rêve,
que d'être dans sa tombe,
le fruit de ses envies.
Pouvoir se retourner,
sans honte et sans peine,
d'être fier de ses faits
et de ceux que l'on aime.

Quel plus beau rêve,
que d'être dans sa tombe
sous un ciel clair et blême,
le bonheur satisfait
d'une vie belle et pleine.

Ce poème inattendu m'a fait sourire : peu de gens osent parler de mort à quelqu'un qui se fait opérer d'un cancer, même si le pronostic est favorable. Mais il m'a émue et il m'a donné courage pour continuer, car il apportait une réponse positive.

François ne connaissait pas la question.

Annexe

PENSÉES ICONOCLASTES SUR LE CRÉDIT

Marx est mort, mais où est *Le Capital* ?

Le Capital de Karl Marx a marqué depuis un siècle la pensée politique. Il a été un formidable instrument de la lutte des travailleurs. Au-delà de l'effondrement du système socialiste, il évoque toujours la lutte des classes, ses débordements et ses dérapages. Il provoque, du coup, une sorte de retenue : on n'en parle qu'avec pudeur ou l'on n'en parle pas. Comme dans la bonne société on ne discute pas d'argent, on préfère, à propos de la pauvreté, évoquer la formation, la santé et le logement. Ces aspects appellent des mesures sociales mais ne remettent pas fondamentalement en cause l'inégalité des droits et les privilèges acquis. Il est plus facile de voir les conséquences que de chercher les causes. Il est plus facile de faire la charité que de défendre la justice. Pourtant, si l'on s'intéresse à l'homme, si l'on prône la dignité humaine et le droit au travail, c'est bien du capital qu'il faudrait parler.

Économie sociale

Le libéralisme économique fondé sur le marché autorégulateur et tout-puissant a été défait par la grande crise qui a entraîné l'intervention de l'État dans la vie économique. Karl Polanyi en fait une description éclatante dans *La Grande Transformation.* Le socialisme étatique, fondé sur la planification centrale s'est écroulé à son tour, et bien qu'on se plaise à y voir le triomphe du capitalisme, il est clair que le libéralisme actuel n'a pas grand-chose à voir avec sa définition théorique et sa pratique d'origine.

Nous sommes condamnés aujourd'hui à un système d'économie mixte, et seules les proportions entre le rôle de l'État et celui du marché marquent la différence entre un pays et l'autre.

Le vrai problème est de savoir si cette économie mixte peut redevenir une économie sociale. Si, au-delà de la compartimentation de la société, des idées, des règles et, pis que tout, de la compartimentation de l'économique et du social, on peut retrouver une conception globale de la vie.

Une économie plus sociale et une société plus humaine reposent sur une vision élargie de l'argent et du crédit.

Homme, terre, argent

L'économie de marché a réduit le travail, la terre et l'argent à des biens marchands. Or, un homme est beaucoup plus que sa valeur travail, la terre a une importance biologique et la monnaie de coquillages, dans les sociétés primitives, représentait la vie.

Les écologistes se battent pour rendre à la terre sa vraie valeur, mais l'on accepte que l'homme-travail soit traité comme une valeur résiduelle des politiques économiques et que l'argent n'ait d'autre finalité que le profit. Rendre à l'homme sa dignité, cela passe aussi par la mise à son service du crédit, qui est un instrument de création de richesse.

La banque est au cœur de l'économie

La banque a évolué à travers les temps. On trouve ses premières traces en Babylonie, 3 400 ans avant Jésus-Christ. À l'époque, le temple d'Ourouk faisait fructifier les offrandes des fidèles en attribuant des prêts en nature. Depuis, la banque a financé le développement du commerce, les guerres, les grandes découvertes, la naissance du capitalisme.

Aujourd'hui, la banque connaît une nouvelle révolution. Elle se traduit par la globalisation des marchés des capitaux, rendue possible par les nouvelles techniques de communication et par l'autonomie croissante de la sphère financière. La banque finance une part importante d'opérations financières sans contrepartie réelle.

La bulle financière risque de nous exploser au nez. L'exclusion dans les pays industriels et la pauvreté des pays du tiers monde aussi. Si une petite partie de la force d'innovation des banques était mise au service des pauvres, des banlieues-ghettos revivraient, le secteur informel des pays pauvres se développerait, les agricultures paysannes pourraient se moderniser.

Monnaie électronique pour les uns, banques d'animaux pour les autres. Tout le monde y trouverait son compte.

Crédit, couleur de l'avenir

Les hommes n'existent que dans la dimension temps. Ils ont tous un passé et un présent, mais ils n'ont pas tous un avenir. Une des caractéristiques de la pauvreté est de ne pas avoir de repères dans le temps. La culture des pauvres est de vivre dans le présent car leur existence est précaire. Ils s'échappent parfois à travers un moment de plaisir, qui leur permet de tenir le coup, dans une vie dont ils ont perdu le fil directeur, mais ils ne peuvent pas faire de projets d'avenir car ils n'ont pas les moyens d'investir.

Le crédit est un instrument financier qui permet de bâtir le futur. Il permet aux plus pauvres de choisir leur trajectoire, au lieu de naviguer à vue. Avoir une trajectoire que l'on a choisie, cela donne un sens à sa vie.

Crédit, instrument de reconnaissance sociale

L'aide distribuée par l'État garde le pouvoir aux mains de l'organe central. Elle maintient les bénéficiaires dans un statut inférieur, celui d'exclus, et dans un état de dépendance.

Une opération de crédit est un acte d'échange qui, contrairement au don, ne diminue en rien la dignité du bénéficiaire. C'est en plus un acte de confiance. « Penser qu'ils ont étudié mon projet et qu'ils me font confiance, ça me soulève », dit M'Barka, l'un des emprunteurs de l'A.D.I.E.

Crédit, créateur de richesse au bénéfice des plus démunis

Le crédit est créateur de richesse. Si on le réserve aux riches, on accroît le dualisme social et on ne favorise pas la meilleure allocation de ressources au sein de l'économie. Si on ouvre l'accès au crédit aux plus démunis, on valorise des ressources humaines, un potentiel de travail non utilisé, on donne des chances plus égales à tous. C'est comme un système d'irrigation qui amène l'eau jusqu'à la plus petite parcelle, lui donnant la chance de produire.

Techniquement et économiquement c'est possible. La croissance des services, le développement des nouveaux modes de production liés à l'évolution des techniques de communication rendent au travail indépendant ses lettres de noblesse. Le modèle fordiste de production de masse lié à une étape technologique précise, celle du chemin de fer qui permettait d'atteindre des vastes marchés, est dépassé. Les immenses combinats qui drainaient la main-d'œuvre d'une ville entière se sont écroulés dans les pays ex-communistes et les « éléphants blancs » financés par les institutions d'aide dans les pays en voie de développement se trouvent aujourd'hui au ban de l'histoire. Les marchés se sont diversifiés et exigent une flexibilité que les grandes entreprises n'ont pas toujours. Les réseaux de micro-entreprises à spécialisation flexible qui se sont développés en Italie et ailleurs créent de nouveaux modes de production qui, grâce à des systèmes de marketing performants, exportent dans le monde entier. Il existe des créneaux interstitiels que seuls les micro-entreprises locales peuvent exploiter.

Le travail indépendant est la forme d'organisation dominante dans les pays en voie de développement, où le secteur informel permet à la population de survivre. Il explose dans les pays ex-communistes, car il permet d'assurer la transition. Il se développe dans les pays industriels à la faveur de la crise.

La richesse comme la pauvreté sont des processus cumulatifs. L'accès au capital est la condition de l'investissement qui est à son tour condition de la richesse future. Il se transmet par l'héritage et par le milieu culturel aux générations futures. Le manque d'accès au capital ou à l'emploi entraîne l'exclusion, la dégradation progressive, économique, sociale et culturelle.

Cette dégradation joue aussi sur les générations futures. Comment intégrer dans la société des jeunes qui n'ont jamais vu leur père travailler ? C'est une question que se posent beaucoup de travailleurs sociaux et qu'il vaudrait mieux n'avoir pas à se poser.

Crédit, distributeur de pouvoir au sein de la société

Le pouvoir et l'argent sont les deux faces d'un même phénomène. Dans le système capitaliste, l'argent mène au pouvoir. Dans le système communiste le pouvoir mène à l'argent. À travers tous les systèmes d'organisation, du pouvoir féodal à la république bourgeoise et de la république bourgeoise à celle prétendument populaire, les deux sont indissociablement liés.

Le capitalisme n'a pas vécu impunément, pendant soixante-dix ans, en ménage avec le socialisme. Il s'est laissé contaminer à son insu par la planification centrale. À moins que le rond-de-cuir en manchettes de lustrine qui hante les vaudevilles ne soit l'ancêtre commun des deux. Dans tous les cas, l'internationale des bureaucrates se sera avérée plus forte que celle des prolétaires, et l'espace de liberté laissé à l'initiative économique, bien limité.

L'inventivité des hommes est d'une richesse inouïe. Donnez-leur cet espace de liberté, l'accès à un minimum de moyens. Ils se mettront aussitôt à créer, à bâtir. Mettre le crédit à la disposition de ces millions de micro-entrepreneurs potentiels équivaut à leur donner le droit d'être autonomes. C'est une façon de décentraliser le pouvoir, de le rendre plus démocratique.

Crédit, instrument de création de liens sociaux

L'homme vit en société. À chaque étape de son histoire, cette société se reconstitue autour d'un mode de production et d'échange. À la communauté villageoise succèdent l'usine, le syndicat, le comité d'entreprise. Le drame des exclus d'aujourd'hui est qu'ils sont seuls. Ils n'ont plus de réseaux de solidarité sociale.

Les seuls interlocuteurs des exclus sont des fonctionnaires avec qui les relations sont à sens unique. Le crédit est un moyen d'échange, mais aussi un moyen de restaurer les liens sociaux. Du groupe de solidarité en Asie au cercle de créateurs en France, en passant par les comités villageois de crédit en Albanie, l'idée est la même : recréer des liens de solidarité, susciter des échanges d'expériences, d'appuis, de contrôle social.

Le coût du crédit

La banque doit faire des profits, ou tout au moins équilibrer ses comptes. Le coût du crédit a trois composantes : celui de la ressource bancaire, celui des coûts de gestion et celui du risque. Les coûts de gestion du petit crédit sont proportionnellement plus élevés et il s'y ajoute, dans les pays industriels, où l'environnement économique et réglementaire est plus compliqué, celui de l'accompagnement. Le risque est également plus important, par suite de la mortalité des entreprises, de l'existence de solutions alternatives et de la clientèle fragilisée par l'exclusion. Le coût du crédit et celui de son accompagnement ne peuvent, de ce fait, être couverts par la marge bancaire.

Si l'on admet que la banque a aussi un rôle économique et social, pourquoi ne pas accepter que les surcoûts du crédit aux pauvres soient couverts par péréquation ou par subvention publique, comme c'est le cas des infrastructures de base ? Pourquoi ne pas inventer une taxe, minime, sur les opérations financières, destinée à financer des actions de crédit d'intérêt public ?

Table

Dans la collection « Passionnelles »

Odette Desfonds

RIVALES DE DIEU.
Les femmes de prêtre

La composition de cet ouvrage
a été réalisée par l'Imprimerie BUSSIÈRE,
l'impression et le brochage ont été effectués
sur presse CAMERON *dans les ateliers de B.C.A.,*
à Saint-Amand-Montrond (Cher),
pour le compte des Éditions Albin Michel.

Achevé d'imprimer en mars 1994.
N° d'édition : 13603. N° d'impression : 398-94/080.
Dépôt légal : mars 1994.